专注银行
“爆款产品”研发，
开拓银行营销新“蓝海”！！
转型路上李锋老师为您添砖加瓦！
2.0
外拓
营销
主动出击的外拓营销1.0
深化精准的外拓营销2.0

外拓营销，

是伴随着银行网点经营模式从“坐商”转为“行商”后，
所涌现出来的一种主动型营销方案！

外拓营销 1.0，

解决了银行员工放下“高贵”身段，“走出去”的问题，但也存在众多困惑：

事先筹划不足、缺乏针对性、营销效果不佳；组织无序、管理混乱、运动战、客户感受差；
营销目的单一、胡子眉毛一把抓、忽视组合营销；缺乏经验、流于形式、大多走走过场。

怎么办？怎么办？怎么办？

外拓营销 2.0，

解决了银行员工“如何走好”的问题，
最大的特征就是将外拓营销作为一种常态化的营销动作，
并在机制、人员、资源、考核等多方面对其进行保障，
使外拓营销不再是简单重复的“扫街”，
而成为一种可以深化精准的营销体系！

外拓营销 2.0 营销体系包括：

1 外拓基础版
银行“外拓营销”实战训练与现场辅导

2 外拓提升版
商圈整合营销——“三全三光”商圈外拓营销实战训练

3 外拓提升版
社区路演营销——社区网格化“路演营销”外拓实战训练

4 外拓提升版
机关活动营销——机关“活动营销”实战训练与策划辅导

5 外拓提升版
农村深度营销——农村网格化精准外拓营销实战训练

厅堂“炒店营销”效能提升项目

如今银行网点现状：效能低！竞争力不足！客户流失严重！

究其原因：

1 柜员“四不”：不会、不开口、不主动、不转介。

2 大堂经理“四不”：厅堂客户不维护、不关注、不营销、不挖掘。

3 客户经理“四不”：维护客户无计划、无方法、无主动性、无电话邀约。

4 网点银行“五缺”：缺管控、缺激励、缺方法、缺管理工具、缺创新。

提升网点效能，势在必行！

葛静老师结合多年银行网点综合效能提升项目经验，为您定制完整且体系化解决方案，对症下药：

1. 银行“炒店营销”活动策划与实战辅导，实现厅堂天天有热闹、周周有活动、月月有主题。

2. 银行厅堂“微沙营销”组织执行与实战辅导，变客户等待时间为销售时间，成为网点营销宣传及产能提升的重要突破口。

3. 银行精细化“沙龙营销” 策划组织与实战辅导，掌握沙龙活动策划技巧，全面了解各类活动的特点、规则及流程，提升活动策划和活动执行的能力，最终提升沙龙活动整体回报率。

4. 银行睡眠客户“激活营销”实战辅导，用“一个中心，三种模式，六步流程”的激活营销模型图变睡眠客户为高价值客户。

葛静老师
部分培训课程合影

名师智业联盟

银行外拓营销

新常态下的银行营销策略

李 锋 葛 静◎著

中国财富出版社

图书在版编目（CIP）数据

银行外拓营销：新常态下的银行营销策略 / 李锋，葛静著 . —北京：中国财富出版社，2017.4（2023.12 重印）

（名师智业联盟）

ISBN 978 - 7 - 5047 - 6388 - 4

Ⅰ.①银… Ⅱ.①李… ②葛… Ⅲ.①商业银行—市场营销学 Ⅳ.①F830.33

中国版本图书馆 CIP 数据核字（2017）第 013677 号

策划编辑	周　畅	**责任编辑**	周　畅		
责任印制	梁　凡	**责任校对**	孙丽丽　张营营	**责任发行**	董　倩

出版发行	中国财富出版社		
社　　址	北京市丰台区南四环西路 188 号 5 区 20 楼	**邮政编码**	100070
电　　话	010 - 52227588 转 2098（发行部）		010 - 52227588 转 321（总编室）
	010 - 52227566（24 小时读者服务）		010 - 52227588 转 305（质检部）
网　　址	http://www.cfpress.com.cn		
经　　销	新华书店		
印　　刷	宝蕾元仁浩（天津）印刷有限公司		
书　　号	ISBN 978 - 7 - 5047 - 6388 - 4/F · 2712		
开　　本	710mm × 1000mm　1/16	**版　　次**	2017 年 4 月第 1 版
印　　张	13.75　**彩　插**　4	**印　　次**	2023 年 12 月第 7 次印刷
字　　数	201 千字	**定　　价**	42.00 元

前　言

“互联网＋”时代来临，传统行业受到了前所未有的冲击。在这种强大的冲击力之下，曾经让各传统行业引以为傲的优势在逐渐消失，随之而来的是新的挑战与机遇。银行业作为传统行业中最为典型的一种体制，在“互联网＋金融”的冲击下，正在逐渐告别曾经风光无限的日子。作为传统行业中曾经的“高富帅”，如今的银行业面临着存款流失、不良贷款增多、利润下降等众多严峻问题。过去“坐着”客户就会上门、“躺着”也能挣钱的日子，已经一去不复返了。

在一个很遥远的地方，有一个很富裕的村子。有一天，村子里有两个年轻人相约一起到外面去看看大世界。这两个年轻人，一个叫守本，一个叫时迁。两个年轻人各自准备了一辆马车、一些干粮和钱，就出发了。

很快，他们到了一个盛产丝绸的地方。光滑、美丽的丝绸瞬间吸引住了他们。时迁对守本说，咱们那里虽然富裕，但从来没有人能织出这么漂亮的丝绸。如果我们把身上所有的钱都买了丝绸，带回去，一定能卖个很好的价钱，赚到不少钱。守本一听，觉得很有道理。于是，两人就用身上所有的钱各自买了一车丝绸。

不久，他们又到了一个盛产毛皮的地方。那些温暖、柔软的毛皮，让时迁再次看到了商机，他对守本说，这些毛皮一定会受到我们家乡那些富太太的追捧，和她们做生意一定能赚得更多。干脆我们把车上的丝绸卖了，换成毛皮吧！但是，守本觉得，那实在是太麻烦了，反正丝绸带回去一样是可以卖钱的，所以，他拒绝了。时迁把一车丝绸卖掉，小赚了一笔。然后，他又把所有的钱都买了毛皮。而守本依然只有一车的丝绸。

过了一段时间，他们到了一个被称为“药都”的地方。时迁看到许多在家乡从未见过的珍贵药材，激动地对守本说，如果我们把这些药材带回家乡，一定能赚大钱的！你把丝绸卖了，我把毛皮卖了，我们全部换成珍贵的药材带回去吧。守本摇摇头说，不了，我的丝绸一样可以卖钱，而且走了这么长的路，把丝绸卸下来换成药材，实在是太麻烦了。于是，时迁把车上的毛皮卖掉，又赚了一笔钱。然后，他把所有的钱都换成了珍贵的药材。而守本依然只有一车丝绸。

后来，他们来到了一个到处是金矿的地方。那里的人们最不缺的就是黄金，但是却很缺漂亮的衣服和药材。这一次，时迁同样劝说守本把丝绸卖掉，换成黄金，守本依然嫌麻烦，拒绝了。时迁自己把药材换成了黄金，狠狠赚了一笔。

最后，时迁带着一车的黄金回到了家乡，而守本拉着一车的丝绸回去了。回到家乡之后，一车的黄金立即让时迁成为当地的首富。而守本的丝绸因为经过长年累月的颠簸与风吹日晒，早已失去了最初的光泽与美丽，价钱远不如预期的那么高，只换得了很少的一点钱。

在这个世界上，没有什么是一成不变的。时代在发展，人们的需求也在不断地变化，如果固守着传统的思维，不能适时而变，那就只能等待被淘汰、被贬值，就如守本的丝绸。

银行业曾经拥有令各行各业羡慕不已的“黄金时代”，但在互联网金融的跨界冲击下，只有“变”是唯一的出路。

在当前各大银行产品服务同质化，营销提升效果不明显的情况下，银行如何在一片红海之中开拓新的蓝海市场？如何在现有环境中顺势而为？最重要的莫过于转变营销观念，从上到下的思维统一、目标统一，变“坐”为“行”，积极主动走出去、满怀热情地把客户请进来、用一颗真心把客户留住。

外拓营销是银行网点营销、服务的有效延伸。相对于互联网金融来说，传统银行在网点覆盖率上占有绝对的优势，这也为各银行走出去的“二扫五进”策略——扫街、扫楼，进商区、进社区、进园区、进农区、进机关奠定了良好的基础。

本书紧紧围绕银行如何通过外拓营销活动做好产品的宣传和推介，促进网点辖区内各项业务快速发展，实现业务有效突破，全面提升银行综合竞争力和服务水平等问题进行了深入的解读与分析。

本书采用理论和实战相结合的形式，深入、直观地向读者介绍银行外拓营销的内涵、意义以及实操技巧。第一章至第五章为理论篇，重点介绍了银行外拓营销的定义、核心理念、流程设计、过程管理、方案策划五个方面内容；第六章至第十章为实战篇，分别从商区、农区、园区、社区、机关五个外拓营销目标进行介绍，针对不同目标出现的不同问题、重点营销技巧等侧重性地进行分析和讲解，强调技巧性和实操性。

银行的竞争归根结底是客户的竞争，网点客户到访量严重不足、低效客户占据网点资源，这种情况下必须积极向市场要客户、向市场要产能，走出去抢夺资源势在必行。银行外拓营销，不是你想不想的问题，而是银行要生存，就必须走出去，提升沟通技能和营销技能。本书是每一位银行工作人员提升营销技能的必备教材，更是银行管理者实施外拓营销活动的标准化指导用书。

作 者
2016 年 11 月

目录

CONTENTS

理论篇

实战篇

理论篇

| 第一章 |
外拓营销：发掘银行营销“蓝海”

互联网时代下，银行面临着空前的挑战，一方面，面临行业内部的激烈竞争；另一方面，还要面对互联网金融领域咄咄逼人的进攻态势。银行的金融产品和金融服务营销，在强大的竞争之下正逐渐成为一片“红海”，为了顺利突围，银行必须积极转变营销思维进行营销模式创新，通过外拓营销重新发掘银行的营销“蓝海”。

银行“营销突围”势在必行

互联网时代下的银行深陷重重“包围圈”，过去那种“一呼百应”的情形早已一去不复返。吸收存款、发放贷款、销售理财产品和定制服务，这些银行的基本业务内容都无法再以传统的思维与模式顺利开展，必须要以符合时代的全新模式重塑银行的业务流程，否则，只会身陷囹圄，在重重“包围圈”中不知所措、消耗殆尽。

那么，银行在当前的市场环境下，究竟面临着哪些“包围圈”呢？

1. 行业内的“包围圈”

国内的银行以及银行网点不断涌现，除了传统的中、农、工、建“四大行”外，一些地方性银行，特别是发达地区的地方性银行也逐渐显露出强大的经营实力和先进的经营理念。而众多的银行在全国各个地区积极铺设经营网点，使得银行网点密度不断加大，这直接刺激了银行间竞争的升级。

行业内的竞争升级使众多银行面临的第一个问题就是产品与服务的同质化。虽然银行品牌众多，银行的经营理念也有显著的区别，但是在已经固化的银行系统下，许多银行推出的业务并没有显著的区别。客户无论在哪一家银行、哪一家网点都可以去储蓄，而且利率几乎没有差距。不同银行的理财产品虽然有差异，但在宣传推广上也趋于同质。

不仅仅在国内，随着世界经济一体化进程的加快，许多国外的知名银行也开始渐渐入驻国内，并且凭借着优良的产品和服务“俘获”了不少国人的心。虽然目前国外银行在国内的布点还很有限，但随着国际间金融来往越来越密切，未来越来越多的国际银行可能会带来更强大的竞争压力。

2. 行业外的“包围圈”

过去，银行在老百姓心中是至高无上的，可以称得上是一个“垄断行业”，但是，随着越来越多的第三方金融公司的崛起，银行也不得不面临来自行业外部的挑战。一些并非是以金融出身的互联网企业，也在纷纷涉足金融领域，以全新的产品和理念挑战着银行的权威。

“如果银行不改变，那么我们就改变银行。”从支付宝到余额宝，阿里巴巴推出的一系列产品都让银行业感到震惊，也“逼”着银行不得不去与互联网接轨，大力推广网上银行和互联网金融产品及服务。阿里巴巴仅仅是互联网金融巨头的一个代表，腾讯、百度，以及众多的新兴互联网金融公司，都在以各种灵活、便捷的方式满足着用户的基本金融需求，撬动着银行的客户基础。

对当前的银行来说，行业外的挑战更甚于行业内，因为这些新兴的互联网金融公司完全以颠覆传统的思维和模式开展竞争，让实力强大的银行也措手不及。

3. 客户新思维的“包围圈”

当前，公众接收金融信息的渠道不断增多，投资理财意识的逐渐提升，也让银行当前业务的顺利开展出现了举步维艰的状况。如今，在越来越多的人的意识中，将钱存入银行是件“亏本”的事，相较之下他们更愿意进入证券市场，通过投资债券、股票、基金来实现财富增值。也有一些人选择了互联网金融投资渠道，尽管这些渠道在国内监管系统尚未完善的情况下具有一定风险，但是收益较银行存款高，深深吸引着众多客户，且在便捷性、灵活性上有着无可比拟的优势。

而且，越来越多的客户在银行办理业务时感到排队难、速度慢，使用银行提供的服务感到流程复杂，因此不愿在银行办理业务，或是不愿使用银行的服务，而是选择其他能够提供类似功能的产品和服务作为替代。比如，如今使用支付宝的用户远远多于使用网上银行的用户，因为支付宝操作便捷、验证简单，同时还具备可靠的安全性，不必像使用网银支付时一样烦琐，因此受到了广大用户的认可和欢迎。

4. 时代的“包围圈”

在互联网时代下，网络带来了众多工具和思维的变革，这也在不断冲击着银行的传统经营模式和营销模式。随着互联网的深入普及和发展，在网上开展业务、进行营销推广活动已经无法满足需求了，移动网络营销、大数据营销等，都是银行需要学习和运用的全新营销手段和营销思维。只有紧跟着时代的潮流，不断为客户提供最适合的产品和最贴心的服务，不断挖掘和满足客户的需求，银行才能在时代潮流的涌动中立足。

为了突破重重“包围圈”，银行必须以营销作为主要武器，通过“营销突围”来打破现状。营销的目标，首先是实现差异化，通过设计不同的产品组合，以及为同类产品注入不同的内在价值来应对行业内外的竞争；其次是深度对接客户，将产品及服务直接推送给终端用户，让他们以最高的效率享受到对自己有着切实助力的产品和服务，从而打破互联网时代下银行与客户之间的隔阂。

为了达成以上的营销目标，仅仅运用传统的营销方式和营销思维是远远不够的，银行必须进行营销创新，采用行之有效的全新营销模式，才能真正实现“突围”的目标。对于银行来说，外拓营销，正是打破困局、提振业绩的一套极具实践价值的营销模式。

外拓营销：从“坐椅待币”到“主动营销”

当今社会不是外行干掉内行，而是趋势干掉规模，先进取代落后。

国有银行渠道下沉、推出涉农信贷产品、开拓农村市场，外资银行进入中国，金融脱媒对市场蚕食，利率市场化，产品同质化，同行业惨烈竞争，银行业如何在一片“红海”之下开拓新的“蓝海”市场?

“狼”来了！银行是继续“坐椅待币”，还是从“坐商”向“行商”转变? 答案是：转变！具体来说，银行外拓营销将会为我们带来以下几点改变。

1. 思维转型，改变观念

首先要做到的也是最重要的就是要转变观念。有的银行客户经理习惯了以前的思维方式和营销方式，也过惯了舒服的日子，依旧“稳如泰山”，“坐椅待币”。他们还没有充分地意识到危机，而且也还放不下自己的面子，觉得自己是白领，金融是“高大上”的行业，很难放下架子、拉下脸面去搞营销。以往都是别人求着我，现在要我去求别人，更害怕被别人拒绝，认为外拓营销有损自己的形象，缺乏主动营销、主动拜访的意识。

然而，现实却是，“坐椅待币”就等于“坐以待毙”。银行营销管理现状是：三天不喝酒，存款就搬走；三天不桑拿，业绩往下滑。

面对如此惨烈的外部竞争环境，我们更应该具有行业的前瞻性，要更加深入透彻地了解自己所处的行业环境，要更加精准地把握住我们所面对的客户意识的改变。随着客户需求的不断变化，我们要从椅子上站起来，从柜台后走出来，从“等客上门”到“上门找客”。与其被动地让别人改变，不如自己主动改变。这样既给了客户了解我们产品的机会，同时也给自己一个向客户展示我们产品的平台与机会。

只有让更多的客户了解我们的金融产品，才能更有效地提高我们在市场上的占有率。留在网点对客户的营销还远远不够，还需要主动出击，外拓营销越来越重要。

2. 创新求变，主动营销

随着金融服务行业竞争的日益激烈，客户的选择也越来越多，不像以前供小于求，客户主动上门还要低声下气。在新形势下，我们唯一的出路就是主动。服务意识和营销意识都要主动，行为上也需要主动。客户不可能总是主动来找你，只有主动联系、拜访客户，久而久之，才能渐渐拉近与客户的关系，你才可能获得对老客户进行深度营销、得到老客户转介绍的机会。

走出柜台，上门找客，就是赢取主动，主动发现客户的需求，找到客户的需求趋势。发现客户的潜在需求，主动服务，推出更符合客户需求的产品。通过主动营销，可以拉近我们与客户的距离，消除陌生和隔阂，也提高了我们的服务意识。

主动出击不仅是对客户，还要对竞争对手主动出击。“知己知彼，百战不殆。”了解自己的产品、服务等各方面的优势，对比竞争对手的情况，才能彰显自己的优势，把劣势转化为优势。

2015 年 10 月，石家庄某农商银行，开展了为期四天的外拓营销培训。在这四天中，银行营销人员结合实际，主动出击，创新工作方式，狠抓存款业绩。四天时间，存款增加 4000 万元。

在外拓期间，银行所有工作人员都主动联系亲戚、朋友，通过“亲连亲”“友连友”的方式大量吸收存款。该行的支行行长和客户经理更是放下身段，主动走街串巷，到当地商户和农户家中拉存款。

该农商银行支行在各村都设有金融联络员，并且定期召开金融联络员会议。每次会议都会邀请当地的镇党委书记和镇长等出席，争取获得他们的支持。他们把外出务工信息登记表发给辖内 13 个村的 39 个金融联络员，登记所有的外出务工人员信息，并建立台账，全面掌握外出务工人员的经济状况。因此，当该农商银行支行去做外拓营销的时候，不仅获得了当地村支书极大的支持，也顺利预约了不少外出务工人员将富余资金存入该支行。甚至有两个村的村支书表示：虽然其他银行也多次联系他们争取存款，但是他们与农商银行已经是合作多年的老朋友了，所以还是愿意将钱存到农商银行。

在当前银行业竞争激烈的情况下，客户有太多的选择了，仅仅做好厅堂服务的银行，已经不足以吸引客户。在新形势下，银行从业人员必须要主动出击，主动寻找新客户，深度挖掘老客户，寻求新的合作与营销的机会。

做营销，先做人。关系再好的亲戚、朋友都有可能因为你许久不主动联系而变得疏远、陌生，甚至是淡忘、遗忘了。客户更是如此，无论合作多么融洽的客户，都有可能因为你的不主动而变得疏远，久而久之，就失去了对老客户进行深度营销、邀转介绍的机会，甚至你可能连这个老客户也丢失了。

主动出击不仅体现在银行工作人员“走出去”，还体现在营销方式的创新。在和竞争对手的较量中，要注意提炼自身优势，通过各种新颖、有趣的宣传方式向客户进行展示、营销，吸引客户。

外拓营销就是主动营销，是全员营销、全业务营销、全区营销，让银行工作人员从不敢开拓到敢开拓，从不敢开口到敢开口，从不敢走出去到敢走出去。让所有人的沟通技能和营销技能得到实实在在的提升。

何为“二扫五进”外拓营销

银行外拓营销的重点在于银行工作人员从以往坐在银行等业务上门到走出去主动联系业务的状态转变。针对银行业客户的广泛性和分散性，我们对银行外拓营销提出了“二扫五进”策略。

1. 二扫：扫街，扫楼

“扫街”这个词对于销售人员来说并不陌生，甚至可以说是业务员的基本功。对于销售业务人员来说，大多数的客户信息、客户需求发掘、目标客户锁定等都是在“扫街”的过程中完成的。

银行“扫街”，就是要银行客户经理打破等客户上门的传统营销方式，主动走出银行，对城区、郊区、集镇的主次干道、街道，根据门牌号走街串巷、逐家逐户进行“地毯式”的拜访和宣传，把金融服务送到小微客户的门前、店内。

一般来说，“扫街”的对象都是一些服装店、便利店、装饰店、理发店等服务普通老百姓日常生活的小门店。他们虽然生意做得不大，但对金融服务的需求却很多。不仅如此，对于这些小商户来说，临近两家，甚至几家门店往往关系都比较密切，更容易促成转介绍业务。

对于银行业来说，随着“小微金融”的兴起，对商业区的小微企业进行“扫街式”的服务，必将成为银行新的业绩增长点。在银行辖区内共有多少家商户，哪些商户有贷款意向，哪些是继续跟进的目标客户，哪些商户还没有办 POS（销售终端）机，哪些商户还没有本银行的账户等，这些信息都必须靠银行客户经理在“扫街”过程中，逐条街道、逐人逐户收集信息、了解需求。

“扫楼”和“扫街”的意思相近，都需要银行客户经理主动走出银行，走到普通民众中间，收集信息，挖掘目标客户。不同的是，“扫楼”强调的是走进机关大楼及办公写字楼，挖掘单位客户资源。

无论是“扫街”还是“扫楼”，都必须注意四点：

一是在“扫街”“扫楼”过程中，要注意对目标客户的原始信息进行收集，防止因为财务管理水平差异而造成信息不准确的情况。

二是“扫街”“扫楼”后，客户经理要及时对客户信息进行整理、录入，建立客户档案，分析客户分布区域，为日后营销产品、满足客户需求提供信息支持。

三是要充分了解各个行业的特征，选择恰当的“扫街”“扫楼”时机。例如，服装行业一般上午比较清闲，可以选择上午 9：00—10：00 进行“扫街”，容易获得更多的交流机会。

四是要注意“扫街”“扫楼”细节。有的客户经理带着情绪进行“扫街”“扫楼”，不仅无法获得准确的信息、提升业绩，反而还会影响客户体验，进而影响银行的口碑。所以，在“扫街”“扫楼”过程中，银行客户经理必须注意服务细节，力求改善客户体验，提升银行的品牌形象。

2. 五进：进商区、进社区、进园区、进农区、进机关

银行外拓营销将目标客户群体分成五个：商区、社区、园区、农区、机关。对于不同的客户群体，要进行不同的共性需求分析，从而有针对性地提供金融服务解决方案，提高客户转化率。

一般来说，进商区的主要目标客户为小微企业，营销方式为“扫街”，主要推销业务是以 POS（销售点）机、商户贷、信用卡为主的综合金融服务。进商区与传统“扫街”营销不同的是，在进行外拓营销之前，要做好充分的准备工作，不仅要通过工商、税务等部分对小微企业的信息进行收集和分析、筛选，还要对重点目标客户进行分解，让关系户对口选题，提高外拓营销的效率和成功率。最重要的是，要针对小微企业的金融需求对外拓营销小组进行业务培训，让每个走进商户的客户经理对各项业务都了如指掌。

进社区，是指在社区及商场等人流量大的场所进行“扫街”、摆摊等社区营销活动。一是针对当下金融诈骗愈演愈烈的情况，向社区客户普及各类防诈骗手段，普及金融知识。二是全面宣传银行各类金融产品和知识，手把手引导客户了解、使用银行新业务，同时提升社区客户的理财观念。

进园区，指的是开发工业园区的企业客户。工业园区一般都是生产性企业，具有人员基数大、对公金融业务需求较复杂的特点。进园区的外拓营销一般采用熟人介绍等形式较为妥当。业务推荐方面，更侧重于提供对公金融的一条龙解决方案。

进农区，指的是开发当地农村客户。在以前，农村客户仅仅靠种地获得收成，收入较低。随着改革开放的深入化，现在大多数农民都已经走出农村，进城打工，收入也有了极大的改善。而农村人有着极好的储蓄习惯，是银行吸纳存款的最大目标客户。随着城镇化进程的发展，农村拆迁户手中也会有大笔闲钱，银行外拓营销也要锁定这个人群作为营销对象，吸纳存款。

进机关，指的是开发党政机关单位客户。通过对辖区内相关单位信息的整理、分析，成立外拓营销工作小组，分批次、有重点地对各类企事业单位进行上门营销，将金融服务带进各行政事业单位，尤其是对信用卡业务的开发。在机关单位工作的公务人员往往有稳定的收入，且具有较好的储蓄习惯，是银行吸纳存款的对象。同时，他们对于信用卡等消费信贷具有一定的需求，且自身有较好的还款能力。但是，由于大多数公务人员对信用卡业务不太熟悉，或者觉得到银行申请办信用卡过于麻烦，信用卡申请及使用率很低。外拓营销，不仅让银行客户经理走到目标客户中间，详细介绍业务特点，更提供上门服务，简化信用卡申办流程，无疑会大大提升公务人员对信用卡的认识和申办率，进而提升银行在信用卡方面的业务。

银行外拓营销的“二扫五进”，将银行的目标客户进行分区整理、分析，有针对性地进行突破，有助于银行各项业务业绩的提升，更有助于激发银行工作人员的工作热情，让客户更全面、多角度地感受到银行提供优质金融服务的决心和热情，提升银行的整体形象。

产品突围：从本身价值到附加价值

在当下金融业竞争激烈、产品严重同质化的情况下，商业银行要想获得更加长远的发展，必须进行营销突围。在商业银行指定营销策略时，首先要考虑的因素就是产品。银行要想在产品同质化的当下有所突破，超越竞争对手，就必须对产品进行创新，实行产品突围。

对于银行外拓营销来说，同样如此。只有具有个性化、优势明显的创新产品，外拓营销策略才能取得实际的效果。比如某农商银行创新了“贴芯”手机银行作为拳头产品，成为业务开发的敲门砖，在与其他银行手机银行业务方面的竞争中优势明显，脱颖而出，快速抢占了手机银行的市场份额，也成为外拓营销中的利器。

当前大部分银行的手机银行都存在转账限额较小、手机银行 U 盾又不方便随身携带等问题，农商行“贴芯”手机银行的推出，解决了这些问题，无疑大大提升了客户对手机银行的体验及手机银行的附加价值。

在市场营销学中，有个重要的概念——产品整体概念，它认为产品不仅具有物质形态的产品实体，也就是产品的本身价值，也包括非物质形态的利益，即产品的附加价值。对于银行产品来说，本身价值显而易见，并且不易有所创新，而附加价值却亟待发掘，并且容易进行创新。因此，在银行进行产品突围的过程中，提升产品的附加价值将是最好的方法。

那么，我们怎样才能提高我们银行产品的附加值呢？

1. 从银行产品的服务过程入手，通过加入更加便捷的服务程序提高银行产品的附加价值

例如我们在前面提到的农商行的“贴芯”手机银行，借助科技的力量，提升了手机银行的安全性和便利性。再比如，在各个银行都推出的信用卡业务中，都有和不同商户合作的优惠政策，刷卡不仅能够实现提前预支、便捷付款等信用卡的本身价值，还能够实现优惠消费等附加价值。

2. 挖掘银行产品的特色，从银行的自身定位和文化背景入手，找到其他银行所没有的优势，开发比其他银行更具吸引力的产品特色

这是提升银行产品附加价值的不二法则。在市场中寻求一个“人无我有，人有我优”的特色产品，更利于银行在市场细分化的当下，抢占一片独属于自己的市场领域。最重要的是，这片市场是其他银行无法企及的。比如，某农商银行针对自身农村服务根基深厚的优势，为农村客户提供的“金农易贷卡”：只要信用度良好的农村夫妇提供有效身份证件，并寻找3～4个公务人员做担保，就可以获得20万～30万元的贷款额度，并且可以随时用随时申请放款，贷款期限为从放款日起1年。这种便捷的贷款方式吸引了大量农村创业客户，极大地方便了他们的金融需求，很快成为该农商银行的拳头产品，其他银行无法比拟。

3. 完善服务理念，通过客户经理提升产品附加值

银行客户经理站在银行直接面对客户的位置，其服务理念和技巧对于提高产品的附加价值非常重要。有时候，几句话、几个动作都有可能提升产品的附加价值。具体来说，在银行客户经理和客户进行沟通时，可以从以下几个方面增加产品的附加价值：

（1）建立客户对产品的预期。当客户经理向客户介绍产品的时候，可以先和客户聊聊这个产品和客户的联系，比如，在向商铺客户推销 POS 机的时候，先和客户聊聊商铺办理 POS 机之后可以大大方便顾客付款，从而提升顾客的进店率、购买率等；也可以和客户建立情感联系，比如，老客户转介绍的业务，在向客户推荐产品的时候，首先说，我是××介绍的；也可以和客户谈论产品的用途，比如，您办理我行的信用卡之后，周六到全县所有电影院刷卡看电影都是 9.9 元。总之，先让客户对产品充满期待，这样客户自然会对你所介绍的产品特别关注，进而产生合作意愿。

（2）直接让客户体验产品，而不仅仅是口头描述。由于银行产品大多都是虚拟产品的特殊性，一般情况下，客户对某款产品感兴趣时，客户经理都是通过口头描述来向客户介绍。但是，如果要增加产品的附加价值，客户经理可以在客户介绍产品的时候，同时提供体验展示。比如，客户经理在向客户介绍手机银行业务时，可以直接拿出自己的手机，现场向客户展示本行手机银行的方便和安全，使客户产生比较直观的感受，让客户觉得这款产品的确有价值，值得自己办理。

同时，客户经理可以邀请客户亲自体验产品。比如，客户经理在向客户介绍 POS 机多么方便、多么有价值的时候，可以邀请客户亲自体验一下刷卡的感觉。毕竟，对于客户来说，想要真正了解 POS 机的功能，还要亲自操作、体验，才能有切身感受。

（3）不断实践、演练。对于一些银行客户经理来说，这些增加产品附

加价值的技巧或许都知道，但是在实践过程中却常常忘记，或者觉得效果不好而放弃。但是，真正有效果的技巧都必须通过千万次的实践。只有反复练习操作，才能真正见成果。

在实践过程中，可以先找同事进行演练。在销售过程中增加产品的附加价值并不是一件易事，如果做得不恰当，可能会取得适得其反的效果。所以，最好提前找同事或者领导演练几遍，针对对方的反应制定出相应的话术对策。

营销突围：从技能提升到模式转型

随着互联网金融的大步前进，传统金融业的生存环境越来越恶劣，甚至一度出现互联网将颠覆商业银行业的声音，更有人认为商业银行将会被互联网金融所取代，进而消失。这些说法虽然有些夸张，但也从一定层面反映了当下银行业的生存压力。

当前，各银行产品同质化，能够提升的空间不大。过去很多年，银行把业绩的焦点放在服务上。为什么要花那么大的力气去提升服务呢？是为营销服务的。服务和营销是一体的。服务是根基，营销是为了创造和提升服务的。

优胜劣汰，适者生存。在未来，无论是互联网金融，还是商业银行业，生存与发展的前提都必须是跟上消费者的需求变化，适时进行技术创新和管理、营销变革，否则都将走向没落甚至消亡。所以，商业银行业绩的突破与提升，必然离不开营销变革，通过变革创新开拓新的渠道和市场，提供新的产品和服务，创造新的盈利模式。

1. 门店变动销，渠道转终端

商业银行业的金融服务职能与定位，决定了从业人员习惯于坐在柜台后面等客户上门。当然，在互联网金融尚未出现的时代，这种营销模式也无可厚非，毕竟在求大于供的情况下，客户没有更多的选择，必须上门“求”服务。

然而，在当今信息科技高速发展的时代，人们的工作和生活方式早已发生了翻天覆地的变化，线上线下的融合趋势越来越明显。互联网金融的出现与发展，引导人们逐渐将线下金融业务慢慢向线上转移。适时而动，方可长胜。在当前金融大变革的形势下，商业银行必须充分发挥其线下网点的服务优势，实现全渠道零售的营销模式。

银行的全渠道零售模式，就是商业银行为了满足客户实现随时、随地、随心地购买金融产品和接受金融服务的需求，采取线下、线上和移动端全渠道整合的方式提供金融产品或服务，实现渠道变终端的营销模式。

在银行全渠道营销模式中，线下网点渠道无疑是整个链条的核心所在，也是银行全渠道零售模式的利润来源点。因此，线下网点的服务模式、营销模式将对银行整体的业绩起着关键作用。

上海某兴业银行社区支行，不到一百平方米的小门店里，挤满了客户。这里的大部分客户都是周围几个小区的居民，甚至70%以上都是绝对的新客户。但是，他们中的大部分人已经成了该社区支行的“熟人”，甚至有时没事路过也会进来和工作人员打个招呼。

根据该支行的王行长介绍：该支行网点里设了自助发卡机，客户到这里办银行卡只需要两分钟。除此以外，该支行的工作人员也一改过去每天坐等大客户上门办业务的工作模式，经常主动走到辖区内的各个社区里，发宣传单、办社区活动、摆摊向居民介绍银行业务等。有时候客户因为忙，一时赶不到银行办业务，只需要提前打个电话，即使到了下班时间，工作人员也会耐心等候。所以，该支行的活跃客户达到一半以上，很多客户不仅在这里购买理财产品，还把三方存管关系、水电煤费用代扣代缴等业务绑定在该支行。这样，客户的黏性和忠诚度就大大提高，很难流失。

银行线下网点建设的小型化、社区化、智能化、标准化，银行线下服务的主动化、生动化、体验化、便利化，有效提升了商业银行的服务水平和品牌形象，进而推动了银行业绩的提升。在银行全渠道零售时代，商业银行既要“动”起来，又要发扬创新精神，坚守银行服务的本质，实现“网点变动销，渠道转终端”的新营销模式。

2. 卖场变脉场，产品转用户

2016 年 2 月 25 日，工行、农行、中行、建行、交行五大行宣布：即日起，五家银行将陆续对客户通过手机银行办理的境内人民币转账、汇款业务免收手续费。五家银行同时承诺，对客户 5000 元以下的境内人民币网上银行转账汇款免收手续费。

对于中国商业银行业来说，这个重要举措开启了商业银行“用户思维”时代。在“互联网 +”时代，不论什么产业，都是“得用户者得天下”。商业银行过去单纯依靠存贷差的商业模式显然已经不能适应这个时代了，而重产品、服务却轻用户的思维也将严重阻碍着银行业的发展。在移动互联网时代，用户是产品、服务的核心。产品和服务做得再好，离开用户，都将失去价值。

移动互联网时代，没有客户，不一定没有用户；如果没有用户，就没有客户。

外拓营销强调银行网点不仅仅专注于产品和服务的提升，更重要的是将“卖场变脉场”，利用线下网点优势为线上渠道引流，提高用户量、用户黏性、交易量和用户沉淀资金等，为银行赢得更多客户。比如中国民生银行、光大银行大力发展的社区银行，着力打造“小而美”的社区服务入口以扩大流量。再比如中国建设银行某支行在门口挂住了“温馨提示”：他行 VIP（贵宾）就是我行 VIP，请出示任意银行 VIP 卡进入。跳出“我行客户”的惯性思维，向非我行客户伸出双手要流量。

3. 促销变体验，服务转营销

银行“等”客户上门的惯性思维决定，大多数银行提供的促销、服务依然只是针对上门客户主动提出的需求而存在的，而对于客户没有主动提出的需求，往往很容易被银行忽略。

> 笔者在一次培训中和某国有银行广东省分行一个支行行长聊天，发现该行很早就推出类似“ETC”（不停车电子收费系统）的业务，但是却一直没有将该业务做起来。近几年，中国建设银行广东省分行大力推广“ETC”，不仅投入不少促销措施，还主动进行外拓营销，上门为客户提供“ETC”的讲解、办理和安装，服务转营销，并有效提升客户体验。如今，中国建设银行广东省分行已经几乎占领该业务在广东省 90% 的市场份额。最让那个国有银行支行行长感到郁闷的是，中国建设银行广东省分行通过该业务引流了大量用户，后续为该行带来不少优质客户，带动了其他产品的销售。

在银行的外拓营销中，最核心的营销理念便是“促销变体验，服务转营销”。当你走到客户身边做营销的时候，客户说不需要，我们就变促销为体验，让客户先体验产品的价值，因为客户说的不需要不代表他真的不需要，即使此刻不需要也不代表他在未来不需要，即使客户不需要也不代表他的亲友不需要。而对于有需要的客户，在为他提供服务的时候，要同时营销其他产品，争取获得更多销售机会。

在笔者所接触到的银行业中，大部分银行依然把工作人员的营销技能培训作为重点培训课程。事实上，相较于互联网金融来说，商业银行并不缺少营销技能出色的从业人员，缺的恰恰是好的营销模式。一个好的营销模式，不仅影响到银行自身的盈利模式，更影响到客户对银行的直观感受与最终选择。所以，外拓营销要做的不仅是对银行工作人员的营销技能的提升，更重要的是对银行营销模式的提升。

服务突围：从客户服务到客户体验

银行之间的竞争，归根结底是服务的竞争，谁能抓住客户的心，谁就能赢得市场。正是基于这样的认识，银行业一直将“服务”作为提升业绩的核心要素。然而，随着人们对金融需求的不断变化，仅仅做好服务已经不足以吸引客户了。在移动互联网时代，体验才是决定服务品质的关键。

为了提升客户体验，外拓营销要求银行工作人员在为客户提供服务的过程中扮演好“两个角色”，严守“两个原则”。

1. 两个角色：生活的助手，事业的参谋

随着银行业务的创新发展，越来越多的新产品和服务方式呈现在人们面前。

邮储银行某分行和某高校合作，以该校的需求为导向，为其量身定制上线了应用电子现金项目：学校与邮储银行联名发行集校园消费、门禁、借书等功能于一体的金融IC（集成电路）卡，不仅有效解决了该校的管理难题，同时还使该校师生真正实现了一张卡通行校园，大大方便了他们的生活。真正扮演起了“生活的助手，事业的参谋”两个角色。

“普之城乡，惠之于民”，该邮储银行分行始终不忘初心，走进社区、深入农村，来到老百姓的身边，做好小微企业、社区居民、进城

务工人员的金融服务，把优质的服务体验带给每位客户，做客户身边的“金融管家”。

为了彻底践行“两个角色”，该邮储银行分行还致力于帮助客户树立起金融意识，坚持走出去，定期举行外拓营销活动，组织进社区、进企业、进市场、进校园、进机关等各类服务。通过摆摊宣传、面对面介绍、金融小课堂等各种形式的活动，向客户宣传用卡安全、假币识别、防金融诈骗以及投资理财等金融常识。

银行作为专业的金融服务机构，其工作人员的专业熟练程度将直接关系到广大客户的切身利益，也关系到自身的品牌形象、业绩水平。因此，银行在为客户提供服务过程中的精神风貌、素质、营业环境、服务设施、办事效率和服务质量都直接决定着客户的体验。

除了银行的环境以及工作人员的形象、言行举止等，银行服务的专业性和私密性是客户更加关注的问题。如今，银行的电话银行、网上银行、手机银行的开通，虽然为人们的生活、企业的经营带来了极大的便利，但同时，也带来了一些安全隐患。这就要求银行在提供服务的过程中，注重工作人员的专业素养，同时借助科技的力量不断更新线上、线下的服务工具，增强安全性，提升客户体验。

针对这个问题，境内各大银行都会定期对个人网上银行、企业网上银行和手机银行等电子银行产品进行升级，同时对产品功能进行扩展和精细化改造，以便为客户提供更加优质的电子银行服务体验。真正做到线上、线下全渠道服务，做客户“生活的助手，事业的参谋”。

2. 两个原则：差异化、重复化

由于各银行之间产品的同质化，银行之间的服务水平并没有太大的区别。要想真正提升客户体验，提升银行在客户心中的形象，就必须对服务进行创新，实现差异化，同时不断重复、强化服务体验。为此，各大银行使出浑身解数，各有奇招。

(1) 工行某支行送服务进部队

工行某支行在为企业和市民提供高质、高效服务的同时，还借助自身的地理优势，长期为驻当地部队及官兵提供服务和保障。特别是每年部队新兵入伍和老兵退伍时期，该工行支行都会在保证网点正常对外服务的前提下，派出一支由精兵强将组成的团队走进各部队，上门为新战士办理军人保障卡，同时为新老官兵提供各项金融业务咨询服务。

(2) 建行某支行注重细节体验

建行某支行十分注重客户在细节上的服务体验。该支行为了方便客户等候，采购了一批爱心座椅，在开门前放置于门口以便等候客户休息。为了满足客户需求的综合化，提升支行的综合服务能力，该支行不断优化内部结构，形成9支综合服务团队，强化了对金融综合服务、上门外延服务的能力和水平，提高了客户的服务体验。

(3) 农行某支行创办超级柜台

农行某支行为了提高服务效率，从细节着眼，创办了超级柜台。该农行支行首先改造了厅堂动线，增设大堂人员，确保每个客户进门都有人引导，进行业务预处理。同时，该农行支行还配备了超级柜台等多台自助设备，有专人负责指导客户使用超级柜台高效办理业务。此外，该农行支行坚持“走进农区，走进商区”，定期进行“外拓营销”，经常组织人员到相对偏远的农村为老年人开卡、办卡；还经常配合企业的工作时间提供上门服务。

(4) 光大银行某支行设置特殊群体客户保护室

光大银行某支行专门设置了“特殊客户群体保护室”，为特殊客户群体提供爱心座椅、便民伞、针线盒、老花镜以及特别配备的盲文键盘、盲文业务指南等。不仅如此，该光大银行支行的大堂经理、柜员等均使用标准热情的服务用语、手势，也都体现着他们为客户服务的诚心。同时，针对老年人、外来务工人员等文化水平不太高的人群，该光大银行支行在既有产品说明体系上，又专门设计了新的信息提示语，帮助他们理解金融关键术语，让他们放心购买金融产品和服务。

客户走进银行网点，眼睛看到的东西、耳朵听到的声音、鼻子闻到的气味、办理业务的路径、接触到的人等，都是客户体验的一部分。每一个细节的创新都将对客户体验带来不一样的影响。以上各个银行就是凭借细节处的创新，实现差异化服务，有效提升了客户体验。而差异化、优质的客户体验并不是一朝一夕就能形成的，还要靠长期的坚持和不断的重复、强化，让差异化的服务体验更具价值。

人才突围：银行营销人员的五项修炼

银行外拓营销并不是简单的“走出去”就可以，关键还要靠银行外拓营销人员的能力和实力，才能真正实现业绩突破。因此，在进行外拓营销之前，外拓营销人员必须做好五项能力修炼。

1. 一个惹人喜欢的脸蛋子

所谓“一个惹人喜欢的脸蛋子”，并不是说外拓营销人员一定要都是帅哥美女，或者打扮得花枝招展，而是说外拓营销人员要有良好的形象和亲和力。

首先，从形象上来讲，包括外拓人员的容貌姿态、衣着打扮、举止风度等。银行工作人员的形象不仅体现其本人内在的修养、气质，而且也体现着银行的精神风貌。所以，银行工作人员在进行外拓营销时，穿着要庄重、文雅，发型、打扮要符合职业特点，给人专业的感觉。可以在提升形象上做一些简单的修饰、化妆，但一定要适当。最重要的是，要时刻保持精神焕发，整体给人整洁大方的感觉。

其次，就亲和力而言，没有什么比“笑”更重要了。银行外拓营销人员一定要“见人就笑”，笑着说，笑着听。俗话说，怒拳不打笑脸人。亲切、热情的微笑，可以有效缩小双方的距离，在彼此沟通之前创造良好的心理气氛，从而消除隔阂、化解矛盾，让你在外拓营销中应付自如。

2. 一个能说会道的嘴皮子

“一个能说会道的嘴皮子”，指的是银行外拓人员的沟通能力。“能说”不是随便说，而是敢说、会说，要说得让客户有感觉，让客户心动。所以，对于银行外拓人员来说，嘴皮子上的功夫就是努力想办法让形形色色的客户有心动的感觉。

在我们进行外拓营销的过程中，所面对的一般都是陌生客户，所以会遇到各种各样的拒绝，全靠我们“一个能说会道的嘴皮子”来化解。成功营销，你必须有应对拒绝的技能。内心要有强大的信念系统：既然进去，就不能轻易转身；既然出去，就不能轻易回来。在一切不可能当中，找各种可能性。

比如客户说他在忙，甚至有的客户真的在忙，你该怎么办?

请记住，现在做营销，任何一个客户都无时无刻不在忙。所以，不要犹豫。你既然已经从银行走出来了，已经走到客户身边，甚至已经打扰了客户的“忙”，就一定要争取把话说出来，让客户知道你的来意。

一旦获得开口的机会，你一定要“长话短说”。绝对不能跟客户说不疼不痒的话，一定要说关键的话。同时多用肯定词，如一定、必须等，给客户确定、一定的感觉。你要知道，你有多自信，客户就有多信你。做营销，内心一定要足够的自信、强势。人和人之间就是能量场的相互影响，你不影响他，他就影响你。

营销是从拒绝开始的，为什么会有拒绝呢？我们说“嫌货才是买货人”，客户之所以拒绝是因为客户还不了解你的银行、你的产品、你的服务以及你个人，其实客户拒绝的并不是你的个人。人的能力有强弱之分，为什么有的人能力强？是因为他处理拒绝的能力强而已。为什么有些人能力弱？是因为他处理拒绝的能力还需要提升罢了。心理学认为，对于销售来说，客户拒绝 7 次以上方可成功，所以，我们要坚信，每一次的拒绝都在为我们提升能力提供机会。

很多时候，有些事，想着想着就不想了。有些事做着做着就做成了。为什么有那么大的差距呢？无非两个字：坚持。我们要相信坚持一定能够换来客户的支持。

同时，为了降低被拒绝的概率，有时我们也需要一些小技巧。

首先，在外拓营销过程中，我们要学会识别客户，从热情的客户入手，从坐着的客户入手，从老板入手。为什么？因为热情的客户说明他有潜在需求或者为人宽厚，不会轻易拒绝我们；坐着的客户说明他暂时不会离开，有足够的时间听我们介绍；老板则是最终拍板的人，如果我们不能第一时间找到老板，很有可能之前所有的营销工作都是白费。除此之外，在和客户沟通的过程中，还要注意观察，进一步识别对方的性格、肢体动作、表情语言、心理语言等。对冷漠拒绝的客户要从聊天开始，或拿礼品切入；而对热情接纳的客户，要直接切入产品。

其次，遇到不热情的客户，我们一定要学会自我化解尴尬。到了客户那里，能坐就不要站着。他不请你，你请他。不仅你自己想办法坐下来，也要想办法让他坐下来。他不微笑，你微笑；他不热情，你要更热情。

3. 一个灵活思考的脑瓜子

“一个灵活思考的脑瓜子”，指的是在进行外拓营销的过程中，要注意营销的速度、数量和质量。所以，在进行营销的时候，要注意技巧。对于外拓营销人员来说，努力不是一个人用力，而是用尽一切可以用尽的力量。

首先，要调动全员营销。所谓全员营销，并不是说银行所有人都不在银行坐班了，都出去做外拓营销，那客户到银行还怎么接受服务呢？全员营销，指的是每一个外拓营销人员都要发动脑子，充分调动身边可以调动的一切力量，亲连亲，友连友，真正实现营销业绩在速度、数量和质量上的全面提升。

其次，要全业务营销。当你面对一个目标客户的时候，不要只对他营销一种产品，要注意同时营销多种产品。

邮储银行某支行行长，在外拓营销过程中，开发了一个需要贷款的客户，双方沟通非常顺畅。在支行行长准备离开的时候，发现对方的桌子上有一把大众牌汽车的钥匙。原本支行行长因为在他的店铺门口没有看到车，以为对方没有车，就没有向他营销 ETC，这把车钥匙说明对方是有车的。

支行行长装作无意识地问道：“您这边不太好停车，我们刚才停在很远的地方走过来的。您平常车都停在什么地方？”

对方笑着说：“我家就住在附近的小区，车一般都停在小区里。走过来也方便。”

支行行长顺势接着说：“现在出门开车方便多了。远一点的地方，跑高速也很方便。我们银行为了酬谢老客户，正在免费为客户办理 ETC 卡，同时还免费赠送客户 ETC 电子标签，而且免费为客户安装。

很多客户都专门到我们支行办理了 ETC。今天我们上门服务，就已经办了十多个了。”

对方听后立即说道：“我的车还没办 ETC 呢！正好下个月计划出去旅游，你帮我也办一个吧！”

这个支行行长不仅善于观察，而且懂得如何把握机会，不留痕迹地“说动”客户办理银行产品，绝对有“一个灵活思考的脑瓜子”。

4. 一双能进能退的泥腿子

“一双能进能退的泥腿子”，指的是银行外拓营销人员必须要勤快，多跑、多问、多说，要进行全区域营销。

很多银行网点都只关注自身所辖区域客户的需求，对于非所辖区域则“事不关己，高高挂起”。事实上，随着现代交通工具的发展，很多客户很难明确定性为是哪个区域的客户。尤其是一些企业客户、集团客户、单位客户等，其员工、客户分布较广，银行要想赢得和它们的合作，就必须提供更为全面的产品和服务，甚至有时还要针对它们的需求提供定制化的产品和服务。

这个时候，就需要外拓营销人员腿勤快点，多跑一些区域，多了解一些情况，多挖掘客户的需求，争取客户的合作。

5. 一个能屈能伸的腰杆子

“一个能屈能伸的腰杆子”，指的是做外拓营销的银行工作人员，必须能够“弯下腰，放下面子”。“面子”对于中国人来说，实在太重要了。俗话说：“不蒸馒头争口气。”很多中国人都是为了“面子”活着。对于银行从业人员来说，“面子”更是重要，甚至有不少人千方百计地进入银行工作，就是为了银行“高大上”的名头，为了满足自己的“面子”。但是，无论你在哪里工作，业绩好才是最大的面子。没有业绩，就没有面子。

因此，作为银行外拓营销人员，必须能够放下面子。无论你是普通的柜员，还是支行的行长，只要走出去，就要像一名普通的营销人员那样去开拓业务。

营销是两个不好意思之间的较量。如果我们不好意思了，我们就输了；如果我们让客户不好意思了，我们就赢了。

所以，我们总结了银行外拓营销人员成功的三大秘籍：一是胆大心细；二是放下面子，俯下身子；三是坚持，不要脸，坚持不要脸。

完成了以上五项修炼，银行外拓营销人员就获得了全新的营销理念、坚定的营销信念和实际的营销技巧。无论在外拓营销中遇到怎样的问题或困难，都能游刃有余地排除和化解。

| 第二章 |
核心理念：银行外拓营销的“七个关键”

思路决定出路。银行外拓营销首要的一点就是转变观念。一直以来，银行工作人员都习惯了“坐等”客户上门的工作模式，走出去外拓，反而不知道怎么和客户沟通。针对当前大多数消费者对金融产品和服务的需求，结合银行业的特点，我们总结了银行外拓营销的七个营销理念。能否掌握这些营销理念，将是银行外拓营销成功与否的关键所在。

融客户教育于微博、微信互动

在“自媒体营销”时代，微博、微信的营销力量已经引起各行各业的关注。银行业自然也不甘落后。现在，几乎各大银行都有了自己的官方微博、官方微信公众号等。银行通过微博、微信公众号和客户的沟通，已经涉及很多业务层面，包括业务咨询、营销推广以及投诉处理等。与在银行装修“高大上”的环境中，隔着柜台的玻璃墙之间的沟通不同的是，在微博、微信公众号上，银行往往一改严肃、庄严的作风，各种网络流行语信手拈来。为此，还有人开玩笑说，如果你想听到银行工作人员管你叫“亲”，就请到微博或者微信公众号上来。

2011 年 12 月 14 日，由《证券时报》主办的“第十二届金融 IT

（互联网技术）创新暨中国优秀财经网站评选颁奖盛典”上，招商银行获得了“优秀微博营销银行”奖。

招商银行的官方微博被粉丝亲切地称呼为“小招”，可见其官方微博和粉丝之间良好的互动关系。2011 年，招商银行官方微博推出了多种活动，如“七夕节 我和大运有个约会”微博上墙、“彝族少儿合唱团志愿者征集”“爱财富 爱读书”“一起来写小招体”等微博活动，引发了粉丝的广泛参与和赞誉，不仅有效提升了粉丝数量和粉丝质量，更扩大了招商银行的品牌影响力。

除了官方微博，微信公众平台也是各大银行做“自媒体营销”的重要地盘。

2015 年 6 月，中国建设银行将其微信公众平台更名为“小微”。用户只要关注“中国建设银行”微信公众账号，就可以体验“小微”主动而贴心的服务了，不仅可以第一时间收到“小微”的账户变动提醒，还能够实时掌握各类金融资讯，甚至还可以办理生活缴费等业务。最让人动心的当属“小微”的互动能力。无论你点击“微金融”“悦生活”或是“信用卡”中的任何业务，粉丝不仅可以及时收到“小微”的回复，更能感受到“小微”以各种可爱呆萌的表情以及不时蹦出来的网络流行语传递出来的“亲和力”。

虽然各大银行的“自媒体营销”进行得如火如荼，但是，除了各大银行的官方微博、官方微信公众平台之外，银行工作人员却极少利用自己的微博、微信“朋友圈”宣传业务、服务客户。如果银行外拓营销人员能够在外拓营销过程中，在自己的微博、微信“朋友圈”不时发布一些营销实况、营销活动、营销感悟，不仅能够对银行的宣传起到很好的作用，对身边的亲友、老客户等也是最好的“业务教育”和维护。

有人或许认为在“朋友圈”分享工作方面的内容，显得不够专业。事实上，“朋友圈”的分享，关键在于真实、有价值，所以，当你将自己在外拓营销中真实的经历、感悟发到“朋友圈”，不仅不会引起别人的反感，反而有助于加深别人对你的了解。当然，其中也有一些小技巧需要注意。

1. 分享价值

别人为什么要关注你？不仅仅是因为你们之间是亲人、朋友，更多的是因为你有价值。尤其是作为和人们的日常生活和工作都息息相关的银行工作人员，你最大的价值就是为大家提供更及时、有效的金融资讯以及金融服务。

在这种情况下，如果你每天只是晒晒自拍，恐怕真的会让你的“朋友圈”失望。相反，如果你只是发布一些你坐在柜台后面帮别人数钱、存钱的郁闷，同样不会引起“朋友圈”的兴趣。但是，当你真正在外拓营销中，发布你一些营销感悟，或者银行新推出的业务信息，让“朋友圈”不仅掌握你的即时动态，还感受到你的“正能量”和有效金融信息，那么你就是有价值的。

2. 分享小视频

有时候，文字和静态图片传递的信息往往会给人陈旧的、虚无的感觉。微信推出的小视频分享功能，既不会占太大流量，还能够给人更加真实可信的感觉，同时也能够避免语言描述的局限性。比如你和客户沟通的某一个场景，你觉得很有趣，或者很有收获，但是你又不知道如何进行总结描述，你就可以通过小视频的方式发送到“朋友圈”，让大家自己去琢磨。这样，大家不仅可以直观感受到你的工作状态，更能够在简单的场景中对银行的业务有所了解。说不定某个亲友、同学就对某个业务产生了兴趣，成为你的客户。

3. 分享真实

实时分享你在进行外拓营销中的客户反馈、经验感悟、团队风采等这些真实内容，不仅可以让你在众多复制粘贴的心灵鸡汤、晒自拍、晒娃、晒旅游等“朋友圈”的杂乱内容中脱颖而出，还能够让“朋友圈”更深入地了解你以及你所工作的银行。让大家知道你在用心为大家提供服务，让“朋友圈”中有金融需求的人第一时间就想到你。

4. 借力分享

如果你在进行外拓营销的过程中，刚好遇到某位大咖级的人物，或者是圈子里有影响力的人物，你一定要主动争取与他合影，与他交流，并分享到“朋友圈”。这不是炫耀，是借力。借助这些大咖的影响力，你会让“朋友圈”的人对你的能力以及你所在银行的实力有更直观的印象，也更容易产生信赖感，从而为可能的合作奠定心理基础。

5. 互动，互动，还是互动

很多人认为发“朋友圈”根本没有用，那些粉丝点个赞就当这事过去了，根本没有下一步的动作。你要知道，“朋友圈”的粉丝有没有转化为你的客户，很大程度上和你的互动频率有关系。因为，分享只是你吸引大家关注的一个手段，真正的营销从互动开始。只有在互动的时候，你才有可能了解对方的金融需求是什么，从而更好地进入下一步的营销。

对于互动来说，我们除了要自己主动，还要懂得引导他人互动。因此，我们在“朋友圈”分享的时候，不要过于严肃，要幽默化、娱乐化；有些事也不需要说得太明白，要给别人留下提问的空间。

6. 温柔刷屏

要想在“朋友圈”做营销，不刷屏是不可能的。但是，绝对不要做暴力刷屏者。哪怕你一分钟一个感悟，你也不要一分钟发一条；哪怕你十分钟签一个客户，你也不要十分钟发一条。一般来说，一天发3~5条是最合适的。同时为了保证外拓营销过程中的效率，我们建议：除了小视频要现场录现场发之外，其他信息可以选择中午和晚上休息的时候做1~2条分享。同时，这两个时间段往往也是“朋友圈”的人比较闲的时候。

在移动互联网时代，微博、微信的分享与互动，是最省心省力，也是最有效的营销手段。所以，对于银行外拓营销来说，微博、微信是必不可少的工具，每一个外拓营销人员都必须学会分享的技巧，并熟练使用。

创造周期性到访需求

在实际进行外拓营销培训的过程中，不少学员都把外拓营销当成培训中的一次任务，而不是当成工作常态来进行。这绝对是一个非常大的错误!

我们在前文中已经反复强调了当前银行业恶劣的生存环境，外拓营销作为银行业打破传统营销模式、创新利润增长点的有效措施，不仅仅是三天或五天的工作，而是需要长期践行的工作。所以，在进行外拓营销的过程中，银行工作人员要对每一个拜访的客户进行详细归类、建档，有意识地创造周期性到访需求。

1. 周期性网络/电话拜访

在马斯洛需求层次理论中，位于第三层次的是情感和归属的需求。人人都希望得到相互的关心和照顾，希望自己能够归属于某个组织。一旦你的网络/电话拜访成为客户的习惯，你也就成了客户的一种情感依赖。

有这样一个笑话：

> 有一个男孩为了追到心爱的姑娘，每天早上都会在7：00准时给女孩发送“早安，宝贝”的短信，晚上10：00同样会准时发送“晚安，宝贝”的短信。坚持半年之后，这个男孩依然没有收到女孩的任何回应，心灰意懒，不再发送短信。令他感到意外的是，第二天晚上，他突然收到女孩的短信：请问，你今天发生了什么事？为什么没有给我发短信呢？

就像故事中女孩对男孩的问候短信产生了依赖一样，银行工作人员可以通过社交网络工具或者手机短信的形式，周期性拜访客户。银行工作人员通过这样的方式对客户嘘寒问暖，做客户身边的金融资讯顾问，既不会对客户的正常工作和生活造成过多的打扰，又会让客户真实感受到银行工作人员的关心，甚至习惯于这种关心的存在。

当然，对于这类拜访，银行工作人员一定要首先将自己定位于客户的“朋友”，其次再定位于“银行人员”。只有这样，才能真正在拜访中做到“嘘寒问暖，使劲关怀”，而不是成天发送银行产品和服务的广告内容。否则，不但难以起到情感沟通的效果，还有可能适得其反。

2. 周期性上门拜访

现在虽然网络、电话沟通越来越方便，但是，线下聚会的活动依然如火如荼地进行着。其中最主要的原因就是，人和人之间的情感必须依靠面对面的沟通才能长久地维系。网络世界的一百个拥抱，也不如现实中的一个微笑来得真实。所以，要想真正做好客户关系的维护，银行工作人员就要对一些重要的客户进行周期性的上门拜访。

笔者在带领安徽农商银行某支行的大客户经理小周进行外拓营销时，曾遇到这样一件事。当我们每隔一周连续拜访了一个企业客户三次以后，该客户这样对我们说："你们能经常来看我，我真的很高兴。这说明贵行对我这个客户很重视。你看我购买了××银行的理财产品之后，他们半年都没给我打过电话，更别提上门服务了。今天我一定要购买一种贵行的产品。"

这个客户的话语直接表达了银行工作人员周期性上门拜访客户的重要性。银行承诺给客户的优质服务不是嘴上说说就可以，而是要靠双腿真实地"走"出来，靠双唇动情地"说"出来。

对于这种纯粹为了维护客情关系而创造的周期性上门拜访，需要注意以下几点：

（1）不要空手上门。可以适当地为客户带一些价值不高但是很实用的小礼品。当然，最重要的是，小礼品上一定要印上银行的标志。

（2）不要以个人名义拜访。上门拜访客户，你所代表的是你所在的银行，所以你要为客户带来银行的问候与关怀。最好以金融服务顾问的身份，适当地提起银行近期新推出的产品和服务，供客户选择。

（3）不要纯粹推销产品。如果你只是上门推销产品，你登门的次数越多，客户会越厌烦。如果实在找不到借口，不妨为客户带来一些小型的金融知识讲座的活动，如网上银行防诈骗技巧，关键是让客户感到有所收获。

3. 重大节假日的拜访

重大节假日对于很多人而言不仅是值得纪念的日子，更是休闲、放松的日子。这个时候，来自任何人、任何单位的问候都是锦上添花。现在已经有些银行做到在重大节假日期间为客户发送问候短信或者上门拜访，但似乎效果并不明显。

很多人都有这样的体会：春节时候，漫天飞来的拜年短信，内容大同小异，大部分是没有落款直接转发的，极个别有称呼或者落款的，甚至还出现姓名没有来得及修改的错误。对于这种“不用心”的问候，只会让被问候人感到自己不被重视，反而影响好心情。

所以，对于重大节假日的拜访，关键在于“用心”。无论是通过短信、微信、QQ（腾讯公司开发的一款即时通信软件）等社交软件发送贺词，还是上门拜访送上小礼品，都必须充分体现出你的用心。

贺词的内容一定要根据对方的具体情况进行编写，要祝贺对方内心在当下最想实现的事情。贺词的语言一定要朴实无华，感觉就像当面诉说的一样，切不可华而不实，让人感觉虚伪。记住，发送贺词是为了让对方感到温暖和感动的，所以真实最重要。

如果是上门拜访，一定要准备礼品，而且礼品还要有“故事”。只有这样，你才能让自己的礼品在节假日的众多礼品中脱颖而出。

> 有一年中秋节，笔者刚好在安徽某市培训，我的一个学员为我送来了粽子，这个学员把粽子递给我之后说：“李老师，我不会包粽子。这些粽子是我回乡下老家，请我奶奶帮我包好、煮好带来的。”当时，我就觉得这些粽子不一般，心里非常感动。因为这个学员为了送我粽子，真的付出了他的心思和感情。

所以，我们送给客户的礼品不一定要很贵重，但一定要有“故事”。有了故事，就有了感情，你一定要让客户体会到你在礼品上所花费的心血。

总之，创造周期性到访需求的关键在于“用心”。打好“感情牌”，才是外拓营销成功的关键。

设计事件营销与氛围营造

在大数据时代，大量的客户数据资料就是最好的资源。银行业的特殊性，使其有效掌握了客户在金融管理中发生的各类事件。这些事件包括定存到期、大额转账、信用卡消费、购买保险、网上购物、利率转化等。在每天发生的这些大大小小的事件中，隐藏着许多营销机会。

你的客户刚刚一大笔定存到期，可能他还没想好该如何处理。这个时候如果你主动跟客户接触，便可引发并确认进一步的营销机会。无论客户选择将这笔钱继续定期存在你所在的银行，还是从你那里购买理财产品，都是一件好事。当银行存款利率上调，习惯于在银行存款的客户将会获得更大的收益。这个时候，如果你主动跟客户联系，便可能争取到更多的存款。

这种以“事件”作为营销活动的基础和起点的方式便是事件营销。银行事件营销一般是指业务事件，也就是当银行客户的金融行为或者交易形态发生巨大变化时，银行营销人员可以借助这些事件辨识出客户的需求变化，利用合适的时间点和客户进行接触，为其提供合适的产品和服务，从而抓住稍纵即逝的营销机会。

根据有关机构的统计结果显示，银行事件营销活动的成功率一般在18%～34%。所以，银行通过数据库及时掌握客户的动态，即时开展“事件营销”是提升业绩的重要手段。

兴业银行是国内银行事件营销模式“第一个吃螃蟹的人”。早在2009年，兴业银行就和Teradata（数据仓库商）合作，依托客户关系管理系统（TRM）开展事件营销。

根据兴业银行上海科技研发中心相关负责人官方发表的数据显

示，兴业银行开展“事件营销”一个月之后，通过“存款巨幅增加”这一事件为起点的营销活动成功率达到31%，带进新存款金额约2.4亿元，新贷款金额约4.2亿元。

例如，2009年金融风暴期间，兴业银行某支行的客户经理通过客户关系管理系统发现一个客户的账户新增加了3000万元的存款。经过查询，客户经理发现这是三天前刚刚在兴业银行开户的客户，而这笔款项是他从其他银行转过来的。这意味着，该客户对兴业银行有一定的期待和需求。经过几天的观察之后，客户经理发现这个客户并没有动用3000万元的存款。于是，客户经理上门拜访了该客户，进行了外拓营销。在初步了解其财务背景之后，银行客户经理发现该客户是某民营公司的老总，而他刚刚存到兴业银行的3000万元是其闲置资金。于是，银行客户经理不失时机地向他介绍和推荐了相关的基金和理财产品，并立即为其办理了相关手续。银行客户经理的这次外拓营销活动不仅成功售出了3000万元的理财产品，及时“上门服务”的态度还获得了该客户的支持和赞赏。

通过“事件营销”，不仅能够有效提高营销的命中率，还有助于提升客户的满意度。当银行多次通过“事件营销”，为客户提供了主动、及时、满意的服务，客户的体验就会不一样。

因此，对于银行外拓营销来说，如果能够借助“事件营销”，将会更容易取得事半功倍的效果。要想在外拓营销中设计“事件营销”，必须建立银行内部数据库，包括客户的基本数据、历史数据以及其他信息等。在外拓营销之前，借助银行数据库，根据客户的身份属性、理财偏好以及近期发生的重要金融事件等，对客户进行精准定位，分析出其潜在的金融需求，从而有针对性地设计、推荐适合他的金融产品和服务。如此一来，将会大大提升外拓营销的效率和成功率。

除此之外，在银行进行外拓营销的过程中，也可以有效利用“事件营销”达到提升人气、提高业绩的目的。这里所说的“事件”则是指进行营销活动的“由头”，比如明星事件、体育事件、新闻事件、舆论事件、热点事件、活动事件、概念事件等。

交通银行在某市开展了规模浩大的“百部电影进社区”的营销活动。为了确保营销效果，该营销活动采取了由市社会治安综合治理办公室、市建设安全文明小区办公室主办，交通银行协办的形式进行。因此，在活动中，得到了大多数社区管理处的支持和帮助。通过该活动，交通银行在该市近300个小区播放电影的同时，播放了该行的形象宣传片和一系列的诚信理财公益宣传活动。同时，交通银行在活动现场介绍的最新理财产品也引起了社区居民的广泛兴趣。

在这个案例中，交通银行借助活动事件，进行了一次成功的“外拓营销”和“社区营销”。在外拓营销过程中，设计有趣、有料的事件营销，不仅有助于吸引人气，更有助于提升客户满意度，降低客户对银行营销活动的拒绝率。

当然，外拓营销作为银行工作人员主动“走出去”，和客户直接进行面对面交流的营销活动，除了设计事件之外，现场的沟通氛围营造也很重要。所谓的营销氛围，是指在外拓营销过程中，客户所感受到的气氛和情调。因此，要想在外拓营销中营造良好的营销氛围，必须从客户的视觉、听觉、触觉等方面入手。

首先，视觉氛围的营造，如银行外拓营销人员必须着统一的服装，身上披上统一的印有银行标志和名称绶带，为客户营造出专业的视觉氛围。

其次，听觉氛围的营造，如银行外拓营销人员在向客户介绍业务的过程中，有条有理有据，声音温和、亲切，为客户营造出友善的听觉氛围。

最后，触觉氛围的营造，如银行外拓营销人员在向客户介绍手机银行业务时，直接拿出手机，让客户亲自动手体验使用手机银行的便利性。

总之，无论是设计事件营销，还是进行氛围营造，都是为了外拓营销更顺利地进行，达到有效提升银行业绩的目的。

利用渠道创造客户流量

互联网金融的快速发展，对商业银行的服务优势产生了巨大的冲击，如京东白条、蚂蚁花呗对于商业银行消费金融场景中的冲击等。商业银行的传统经营模式，一直采用线下网点加多渠道的方式进行，所以，商业银行的资产规模和盈利能力大多依赖于其线下网点及渠道所覆盖的区域大小及区域的经济发展水平。随着互联网金融的发展，商业银行的信息化水平不断提升，过去单纯依靠区域、渠道来提升商业银行盈利空间的模式已经不能胜任当下金融业的竞争。商业银行在信息技术的支持下，盈利模式也不再依赖于沉淀在银行的存款再放出去贷款所获得的“存贷利差”，而是以金融专业能力、信息化基础设施和风险控制能力为基础，为更广大区域的客户提供更全面的金融服务，同时获取服务费的经营模式。

在新的经营模式中，特定区域以及渠道的经济发展水平将不再是影响商业银行利润空间的首要条件。互联网技术以及移动互联网技术的快速发展，打破了地域、渠道的限制，原本稳定地专属于某商业银行的客户将不再只属于它一家，而原本千里之外的其他银行的客户也可能会成为这家银行的客户。同时，在互联网技术以及移动互联网技术的支持之下，商业银行能够为客户提供的金融服务也不再依赖于线下网点的覆盖能力，已经可以实现为客户提供随时、随地的全方位金融服务。

在未来，商业银行的盈利将更多地依靠做大客户流量来获取。无论是线上还是线下，在银行平台办理业务的客户量越大，提供的服务次数越多，投融资客户的成交量越大，银行的收入也就越大。因此，客户流量将是未来金融服务领域最火热的争夺点。

在这场客户流量的争夺战中，商业银行相较于互联网金融，最大的优势就在于密布的网点和渠道。因此，银行在进行外拓营销过程中，绝对不可以忽视客户流量的重要性，要充分利用渠道创造客户流量。

1. 抓住过客流量

有些银行工作人员认为，客户已经在其他银行办理了信用卡就不再是自己的客户，或者说客户把钱都存在了其他银行就不再是自己的客户。这是一种非常错误的认识。相较于10年前客户大多都只忠诚于一家金融机构的行为来说，近些年，客户的忠诚度出现了新的趋势——越来越多的客户同时拥有多家银行的户头，然后根据每家银行的产品和服务特点有针对性地选择使用哪家银行的产品和服务。这些客户同样也是忠诚客户，只是他不再只是忠诚于一家银行，而是忠诚于多家银行，有侧重地选择产品。

上海的张先生是一名公务员，他的工资卡是浦发银行的账户。一直以来，为了方便，他一直使用浦发银行的借记卡存取款，缴纳水、电、燃气费等。近些年，随着各个银行产品的多样性以及服务的便利性，张先生逐渐拥有多个银行的账户：招商银行的金葵花卡，可以享受汇款免费的政策；出国旅行时，他还在中国银行开了一个账户；另外，他还购买了光大银行的理财产品……当邮储银行的工作人员到张先生工作的单位进行外拓营销时，发现张先生虽然拥有多个银行的账户，但是还没有邮储银行的账户。针对他的车尚未办理ETC的情况，外拓营销人员向其推荐了ETC业务。张先生刚好准备近期去银行办理ETC，既然邮储银行上门服务，当下就决定在邮储银行办理。

张先生在选择金融机构时，并不局限于一定要忠诚于某家银行，而是根据自己的需求，选择最合适的银行。这也是当前大多数客户在选择金融机构时的态度。

所以，银行在进行外拓营销的过程中，无论对方是不是本行的客户，我们都可以通过深入了解他不同的金融需求，开发、设计、推荐最能契合他需求的产品和服务。不要担心他只是因为一时心动才选择了本行。哪怕这是事实，在这次合作之后，他就成了本行的过客，但是他同样为本行带来了价值。这些过客流量累积起来，同样是不可小觑的一笔业绩。

2. 为用户服务，而不是为客户服务

传统商业银行专注于为本行客户提供标准化优质服务，却对非本行客户关起了大门。至少需要消费者拥有本行的账户才能打开这扇门，享受优质的服务。但是，互联网时代的用户却习惯于先享受服务再考虑是否变成客户。

如此一来，就要求银行外拓营销人员在“走出去”的时候，必须做到一视同仁。先为对方提供完美的服务体验，建立开放式客户体验体系，比如针对外拓服务对象建立微信群、QQ 群等社交媒体平台。然后，通过社交网络平台的沟通，不断挖掘用户的金融需求，推荐本行的产品和服务，将互联网上的用户引流到本行。

3. 以社区服务创造客户流量

银行外拓营销当然要“进社区”。商业银行在渠道上具有绝对的区域公共资源优势，能够为社区居民生活提供更加完善的金融服务，比如公积金、社保查询，医院挂号，水、电、燃气费缴费，车辆违章查询等。通过为社区居民提供这些必不可少的生活服务，既能取得社区客户的信赖，增加银行的品牌美誉度，同时又能建立起更具黏性的客户流量入口。

需要注意的是，银行在举办社区营销活动时，社区服务是最大的吸引力，银行外拓营销人员必须确保提供最优质、最完善的服务，以免适得其反。同时，也要针对不同社区居民的金融需求特点，推出适合的产品和服

务，才能成功引流客户。

利用外拓营销，深度开发银行线下渠道的客户群体，创造线上客户流量，将是未来银行最重要的盈利技巧。

利用内部资源实现外拓

有些学员在课堂中问我：银行外拓营销是不是主要进行陌生拜访，到街上找那些和本行从未合作过的客户？我是普通的柜员，只懂得存取款，对银行其他的业务也不懂，是不是在外拓营销只要去找那些属于我业务范围的客户？

如果银行把外拓营销定义在这样一个范围，恐怕是史上最难出业绩的营销方式了。那真是吃力不讨好。陌生拜访只是外拓营销中扩大客户资源的一个手段。外拓营销中提升业绩最有效的技巧便是——利用内部资源实现外拓。

1. 唤醒自己的“休眠客户”

对于商业银行来说，任何一家银行都积累了一定数量的客户。尤其是那些曾经在银行办理过业务，却长时间沉睡在“客户关系管理系统”中的“休眠客户”，更是银行最重要的内部资源。

毕竟，在当代社会，你出门可以不带钱，但绝对不能不带卡，或者手机银行，或者绑定了银行卡的第三方支付平台账号。总之，对于任何一个人来说，每天眼睛一睁就要和银行打交道。所以，如果曾经在本行办理过业务，如今却“休眠”的客户，一定是到别的银行“跑步”去了。对于这些“不再登门”的客户，无论是任何原因，我们都应该走出去，亲自拜访，寻求再次合作的机会。

所以，银行外拓营销人员在进行外拓之前，首先要对自己所在部门的客户进行360°全方位了解，并重点圈出“休眠客户”，以便在外拓拜访中，有针对性地了解其金融需求和许久不和本行合作的原因，寻找再次合作的突破口。

2. 利用银行内部人力资源

寻求其他部门的配合，利用其他部门的客户资源实现本部门外拓营销的机会。尤其是对于其他部门当前合作比较好的客户，做出全面分析之后，挖掘其在本部门的金融需求，并准备好相关资料，为外拓营销做好充分的准备。

李先生开了一家社区便利店。每月月底盘账之后，他都会把富余资金就近存到旁边的中国银行某支行。这几乎已经成为李先生的一个生活习惯。但是，除此之外，他从来没有在该行办理过其他业务。

近期，该行进行外拓营销活动，对公客户经理小张恰好参与此次营销活动。通过柜员同事，小张了解到李先生定期到该行存款，并且开了一家社区便利店的情况。通过分析之后，小张认为，如果李先生在该行办理一个POS机，不仅能够方便当前消费者喜欢刷卡消费的特点，吸引更多年轻消费者的光顾，还能够方便李先生对账目的管理。

于是，小张准备好相关资料，在上午10点钟——便利店还不太忙的时候，来到便利店拜访李先生。经过一番推介，李先生表示自己正准备办理一个POS机，只是不知道该到哪儿办，中国银行的这次“上门服务”简直就是及时雨，为其解决了难题。

小张通过借助其他部门同事的帮忙，分析李先生的金融需求，有针对性地进行外拓，更有效地达到了目的。

除了这些可以进行深度开发的客户资源之外，银行内部的人力资源同样是外拓营销人员必须充分了解并加以利用的重要资源。说不定，每天坐在你身边的同事就是某中学校长的侄女，而你第二天刚好要去某中学进行外拓营销。如此一来，请同事帮忙做个引荐，一定比你自己像无头苍蝇一样在某中学转上半天还没找到校长办公室门朝哪儿开更有效率。

3. 要求存量客户“转介绍”

除了以上两点之外，银行外拓营销人员还可以要求存量客户帮忙转介绍。相对于陌生拜访来说，有熟人介绍，能够有效降低对方的戒心，营造出较好的沟通氛围，从而以最快的速度进入业务主题。当然，要求客户进行转介绍，也并不是那么容易的事。

首先，你必须让客户认可你这个人。对于中国人来说，只要认可你这个人，不管你做什么，他都会觉得“好”。所以，在和客户相处的过程中，一定要“会做人”。

其次，让客户对你的服务绝对满意。虽然做人很重要，但做事同样重要。尤其是银行工作人员的专业性较强，又是和“钱”打交道，在为客户服务的过程中，一定要慎之又慎，不仅态度要好，业务更要做好。否则，即使客户认可了你这个人，也会得到一个“人不错，就是做事不靠谱”的评价。这对于要求客户转介绍来说，绝对不是有利的。

最后，主动请客户转介绍，并且坚持这样做。很多银行工作人员不敢，甚至不屑于主动开口要求客户转介绍，认为只要自己服务做得好，客户想介绍就介绍，不需要勉强客户介绍。这绝对是一个误区。如果提供了优质的产品或服务给你的客户或者潜在客户，就已经在他们心中建立了信任度，他们会很乐意帮助你。关键是你得大胆开口要求，如果你不开口说，没有人会认为你需要他。

所以，无论是平时隐晦地暗示，还是在外拓营销中直接要求，你都应该让存量客户知道：我需要你的帮助。即使被拒绝也没有关系，因为他可能只是暂时还不太了解你的为人和服务，你需要在彼此更加了解的时候再提出“转介绍”。更大的可能是，他目前的“朋友圈”中没有人有金融方面的需求，你需要过一段时间再提醒他“转介绍”。所以，你必须坚持向客户要求“转介绍”，才能保证转介绍的成功率。

当然，求人办事，嘴巴一定要甜。在要求客户进行转介绍的时候，语气一定要诚恳，同时表现出这件事对你来说非常重要，引起对方的重视。最重要的一点是：一定要赞美客户，一定要赞美客户，一定要赞美客户！（重要的事情说三遍）用赞美的语言直接让客户知道你对他的肯定和感谢。

在大数据时代，能够得到充分利用的数据才是有效的数据，否则，数据再多再全，都只能是“死的”。银行在进行外拓营销时，更要有效盘活银行内部数据资源，才能达到“事半功倍”的效果。

锁定核心价值客户群，实现类群营销

在进行外拓营销时，银行首先要找到并锁定自己的核心价值客户群。通过对此类客户群金融服务需求的分析，开发并建立自身的优势产品和服务，有针对性地满足核心价值客户群的金融服务需求，然后以此为原点，不断扩展客户群范围，实现类群营销。

从中国商业银行目前的运营模式来看，大多数商业银行并没有对客户进行标准化的分类，而是以产品的大而全来满足所有客户的需求。事实上，随着商业银行之间产品的不断同质化，以及互联网金融的不断冲击，客户在对银行的选择过程中，更多地侧重于选择该行的产品或服务。所以，对于金融客户忠诚度的建立，仅仅依靠大而全的产品体系显然已经难以实现。各商业银行必须在产品和服务全面发展的基础上，结合自身核心价值客户群的金融需求，推出具有自身特色、具有高黏性的拳头产品。

1. 识别并锁定核心价值客户群

虽然越来越多的商业银行已充分认识到“核心价值客户群”的重要性，但如何有效识别并锁定自己的“核心价值客户群”却成为摆在商业银行面前新的难题。

就目前各商业银行所谓挖掘、维护“核心客户”的方式来看，基本都是按照现有客户资产额进行分级，或者按照客户的社会资源及影响力进行分级，选出最高级客户作为“核心客户”。但是，这种较为单一的分级标准，难以对客户的属性及金融需求进行深入分析，从而找到核心价值客户群的共性，并进一步拓展到具体的金融产品和服务定制上。

对于商业银行来说，并不能简单地将“钱多”的客户或者“人脉多”的客户定为“核心价值客户”。客户的钱再多，却只是在某银行存了一笔大额定期存款，之后再没办理过其他业务。客户的人脉再多，却从来没有为银行介绍过一个准客户。对于该行来说，这样的客户也不能算是“核心价值客户”，因为该行无法从他们身上获得较高的利润。

所以，准确识别商业银行的“核心价值客户群”只有一个标准：为银行带来高利润的客户群。一般来说，这样的客户群体，具有四个特征：

（1）账户活跃度高。该类客户一般在银行的账户活跃度较高，购买或使用过银行多种产品和服务，忠诚度较高。

（2）转介绍频繁。该类客户一般在购买或使用银行的产品和服务之后，愿意提供反馈信息，同时乐意把银行的产品和服务介绍给其他人。

（3）利润空间大。该类客户一般能够为银行带来大量现金流，同时其购买的产品和服务所创造的收入大于银行为其所付出的成本，即其为银行创造的利润空间较大。

（4）极具成长性。这类客户的特点是其对银行的需求会随着自身的成长而不断增加，甚至在危机时仍然在成长。这样的客户往往能够为银行持续创造稳定的利润价值空间。

汇丰银行是世界上最大的银行金融服务机构之一，其服务理念就是“鉴别最佳客户，设计最佳体验”。在“鉴别最佳客户”方面，汇丰银行做了以下工作：

首先，通过对客户数据持续研究与跟踪调查分析，汇丰银行将其客户分为七类：

顶端客户：全面理财总值超过10亿港元，在汇丰银行有许多使用频率高、近期使用频繁的活跃账户，使用一系列汇丰银行的产品和服务；愿意支付贴水费，并且愿意把汇丰银行的产品和服务推荐给其他人；正处在职业生涯的上升期，为汇丰银行创造的收入大于银行付出的成本。

高端客户：全面理财总值超过100万港元；在汇丰银行有一些活跃的账户；使用了汇丰银行一些的产品和服务；愿意支付的价格极富弹性；正处在职业生涯的上升期；为汇丰银行创造的收入大于银行付出的成本。

中端客户：全面理财总值超过2万港元；在汇丰银行有一些活跃的账户；使用了汇丰银行一系列的产品和服务；创造的边际利润不尽如人意；不会和汇丰银行发生大笔交易。

低端客户：全面理财总值在2万港元以下；在汇丰银行有一些活跃的账户；使用了汇丰银行一系列的产品和服务；仅和汇丰银行做小笔交易；未来很难创造更高的价值。

非活跃客户：账户处于“休眠”（指那些比如说2年，甚至更长时间都没有使用过的账户）或者“结清”状态（指客户申请结清的账户）。

潜在客户：使用汇丰银行别的部门的产品；汇丰银行内有他们的

一些数据，并且和他们保持着联络。

怀疑对象：其他银行的客户。汇丰银行收集到他们有关数据，但还没有和他们进行联系过。

基于以上七类客户，汇丰银行通过引用另外四个客户价值参数，进一步分析和确认哪些客户属于“核心价值客户”。

对高利润的多产品组合的使用——例如，全面理财总值超过10亿港元的顶端客户，如果所有的钱都存了汇丰银行利润率较低的“定期存款”，却没有购买任何一款高盈利产品，客户价值同样不高。

每笔交易的交易额——客户每单笔交易的金额越高，其交易成本越低，能够为银行带来的利润也就较高。

业务来往的时间——反映客户对汇丰银行的忠诚度。与客户和汇丰银行保持业务来往的时间成正比。

推荐记录——反映了客户在多大程度上愿意向其他人推荐汇丰银行的产品和服务。

由此，汇丰银行定义出其“核心价值客户群”：他们属于顶级和高端客户，使用高利润的多产品组合，每单比交易金额大。并且他们和汇丰银行保持很长时间的业务来往，引荐很多新的客户到汇丰银行。通常这些核心客户群贡献的价值会占到整个部门的大多数。

（案例引自《客户世界》杂志2010年2月刊“客户管理评论”栏目）

2. 满足核心价值客户群需求，实现类群营销

核心价值客户群处于银行所有客户的顶端，对银行的利润贡献大，成长潜力大，他们的需求极具代表性。因此，银行应该以“核心价值客户群”的需求为导向，有针对性地更新、创造金融产品和服务，从而实现类

群营销，为更多优质的“核心价值客户群”服务。

在满足“核心价值客户群”需求的过程中，银行不仅要为客户提供满意的产品和服务，还需要考虑“核心价值客户”更高的要求，有前瞻性地捕捉“核心价值客户”金融类甚至是非金融类需求，如客户联谊活动，企业金融管理方面的咨询、培训等。只有更好地满足“核心价值客户”多层次的需求，银行和“核心价值客户群”之间才能建立稳固的互信关系，才能赢得“核心价值客户群”的长久忠诚。

在当前激烈的市场竞争环境中，商业银行只有真正把关注点转移到“核心价值客户群”的管理和经营上，才能抓住银行盈利和发展的根本。

充分做好三个联动

在当前市场环境下，银行客户对于金融产品和服务的需求日益多样化。尤其是在银行外拓营销中，每一个外拓营销人员面对的客户都不是单一需求。个人高端客户可能是某个企业的老板，拥有对公金融需求，而对公客户中也存在大量的个人金融需求。只有充分打破对公、对私的界限，从客户的角度出发，挖掘并满足全方位的金融需求，才能真正实现外拓营销的业绩提升。

对于银行外拓营销团队来说，必须由不同专业方向、不同岗位的工作人员共同组成，突出综合性，有效解决客户不同的金融需求。同时，在外拓营销活动中要充分做好三个联动：公私联动、岗位联动、跨机构联动（如图 1 所示）。

1. 公私联动

所谓公私联动营销，是指银行的对公业务部门和对私的零售业务部门，基于其不同的对公类客户资源和个人类客户资源之间的密切关联，交

图 1　银行外拓营销要做好三个联动

换并整合彼此资源，联合开展营销活动。

要想真正在外拓营销中实现公私联动营销，首先必须在外拓营销团队中全面树立公私联动营销理念，坚决摒弃银行内部对公业务部门和零售业务部门之间条线分割的传统思维和各自为营的营销方式。在外拓营销过程中，要坚持“以客户需求为核心”确立公私联动营销的方案，而不是以某个部门的利益为重。

在营销宣传上，要实现对公业务和零售业务统一风格、统一形式的宣传模式，营造出完整的、一站式的服务体验。在营销人员的培训上，一方面要加强对公业务的客户经理在零售业务方面的针对性培训，另一方面要加强对理财经理、个人业务顾问等对私的零售业务人员在对公业务知识的针对性培训，从而使每一个参与到公私联动营销中的工作人员都能够在营销过程中更敏锐地识别和把握销售机会。

具体到业务流程设计上，银行公私联动营销首先要充分了解客户背景，针对个人客户挖掘其是否拥有企业背景，针对对公客户重在了解其所在行业、规模、员工结构以及收入水平等信息。

对于有企业背景的个人客户，首先要争取其在本行开立结算账户，最好是基本结算账户。一般客户对于这样一个“不需要花钱”的要求都不会过于排斥。其次，在为客户提供开立结算账户服务的时候，根据客户提供的各种资料，就可以详细了解该企业的规模、行业、经营内容和资金流向等信息，从而深入挖掘其对公金融服务需求，逐步推荐其他对公业务。

对于银行存量对公客户，首先可以要求其在本行办理工资结算业务，将其员工全面纳入本行的个人客户资源。其次再对其员工进行分类，找出高层管理人员、高级雇员等此类潜在个人大客户资源，逐步渗透推介个人金融产品和服务。

另外，在外拓营销进行中，要不断深入梳理公私联动营销流程中的各个环节，不断优化程序，适当取消不必要的环节，缩短客户信息传递的流程，做到简单易行、便于操作，以提升外拓营销的效率。

2. 岗位联动

银行岗位联动营销主要是指银行网点内部各岗位之间，相互转介绍客户形成的联动。银行岗位联动营销的关键在于明确各岗位在客户维护和产品销售中的分工与协作。例如，柜员岗位一般是银行网点的业务操作岗位，是客户基础服务的提供者，同时也是客户第一手信息的获得者。所以，柜员可以通过为客户提供基础服务，初步了解客户的金融需求，然后通过一句话话术来激发客户的需求，如：“您这么一大笔钱存一年定期也没多少钱利息，如果购买保本型理财产品，不但本钱一分不少，还能多拿不少利息呢!”最后，将有兴趣的客户通过大堂经理引荐给其他部门的客户经理。

需要注意的是，在岗位联动转介绍客户的过程中，首先是转介绍客户，其次要转介绍信息——将跟客户沟通过程中获得的信息和激发的金融需求同时告诉其他岗位的同事，最后要转介绍信任——在向客户引荐其他岗位的同事时，将对方的专业、资历等信息传递给客户，帮助其他岗位的同事在客户心目中建立信任。

3. 跨机构联动

银行跨机构联动营销主要是指建立在银行各网点之间、网点与其他机构之间的联动营销活动。

在当前金融市场竞争日趋激烈的大环境之下，银行各网点都建立了自己独特的定位，开发和创新了不同的产品和服务。因此，除了一些标准化的金融产品和服务之外，对于本网点难以满足的客户个性化的金融产品和服务需求，就只能通过网点之间的跨机构联动营销来解决。

除此之外，我们在前文也提到，对于银行的“核心价值客户群”，银行不仅要全面满足其在金融方面的需求，还要尽力满足其在非金融方面的需求。如此一来，就需要银行调动周边资源，实现跨机构联动营销。

农商银行某支行在寒冬腊月，和当地一家温泉机构联手推出“农商银行温泉养生感恩节”活动。活动在该支行网点门前拉开帷幕。该支行工作人员现场演唱了多首歌曲，表达了对广大客户的敬意与感恩。歌曲完毕之后，主持人与台下观众进行了互动，在宣传了该支行新年第一季度推出的新产品和服务之后，进入有奖问答环节。凡是能够回答出该支行即将推出的产品和服务有哪些的观众，均可以获得温泉门票两张。为了在冬日免费泡一次暖暖的温泉，观众都积极踊跃地抢答问题，现场活动气氛十分活跃，宣传效果非常好。

借助跨机构联动营销，该支行在宣传本行产品和服务的同时，也为客户带来了良好的生活体验，不失为外拓营销的一个良策。

无论如何，在外拓营销中，一定要谨记：既然出去了，就不能轻易回来。无论借助谁的力量，都一定要以“把客户请进来”为最终目的。

| 第三章 |
流程设计：银行外拓营销“六步法”

在外拓营销中，走出去的每一步对银行营销人员来说都至关重要。一般来说，银行外拓营销包括“六步”：扫街准备、打破陌生、挖掘需求、产品介绍、异议处理、礼貌告别。本章我们将针对每一步的重点和难点进行分析和介绍，为外拓营销扫除障碍。

银行外拓营销第一步：扫街准备

充分完善的准备是一件事成功的必要条件。要打赢外拓营销这场战役，前期准备工作对于银行外拓营销人员来说尤其重要。扫街准备主要包括以下四个方面（如图 2 所示）。

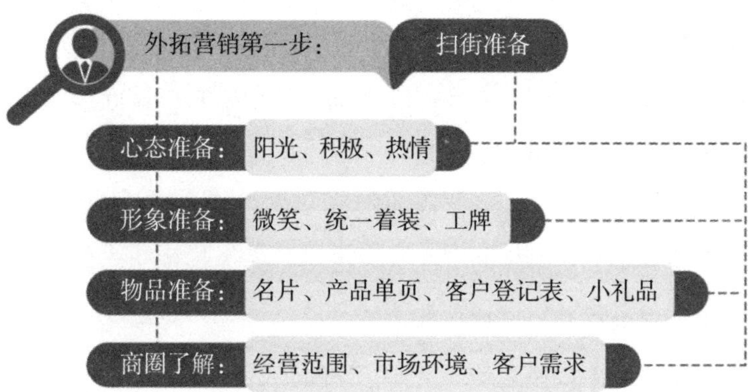

图 2　银行外拓营销第一步：扫街准备

1. 心态准备：阳光、积极、热情

无论做任何事，心态都会对结果产生至关重要的影响。银行的大多数工作人员都习惯于“坐”在柜台后面，隔着玻璃为客户办理业务。真正要在外拓营销中“走”出去，登门拜访客户，甚至是一些陌生客户，最难过的恐怕就是心态这道坎。

曾经有一位参加过多次外拓营销，业绩却不尽如人意的学员，这样描述她在外拓营销中的经历：

> 在我每次进行外拓营销的时候，我心中都充满了恐惧和胆怯。每次要拜访客户时，都犹豫再三不敢进门。即使被同事拖着进门，也会紧张得不知道说什么。偶尔开口介绍产品，很快就被客户三言两语堵得无话可说。一次又一次拜访失败之后，我更加没有自信，甚至开始抱怨，变得越来越消极。这些负面情绪使我在外拓营销中更加不顺。

这位学员首先在心态上就没有准备好。成功营销人员的特质是：相信自己+相信产品。人生，从外在打破是压力，从内在打破是成长。所以，作为外拓营销人员，必须勇于打破思维局限，带着自信和乐观的心态积极主动外拓，才能离成功更近。

人的思维最容易受到外界环境的干扰。长期以来，银行“坐班”的工作环境已经使工作人员有了惯性思维，认为自己“不需要”，甚至“不应该”走出去拜访客户，却忽略了商业银行经营的根本在于业绩、利润。如果在当前竞争环境如此恶劣的情况下，银行工作人员依然不能打破思维局限，积极主动地进行外拓，将很难立足。

我经常在课堂上和学员提到一个“舒服理论”。人活着舒服，死了也舒服，只有半死不活的状态才是最不舒服的。同样，我们在工作中尽心全

力做到最好，成就感满满的时候舒服；离开了工作岗位，自由自在的时候，也舒服。工作中最痛苦的状态就是，不想干，又不得不干，干了之后又不好好干。所以，无论做什么工作，要么就不做了，要做就用爱和专注做到最好。

所以，在外拓营销之前，我们要找到人生第一天上班的感觉，找到人生若只如初见的感觉，带着阳光、积极、热情的心态去拜访客户。如此一来，当你见到客户时，就有充分的自信、十足的勇气和无限的智慧。同时，你积极的心态也会在无形中传递给客户一种正能量，使客户对你产生好感和信赖，让谈判顺利进行。

下面，请跟随我一起大声喊出以下语句：

我要注意我的思想，

因为我的思想会变成我的语言。

我要注意我的语言，

因为我的语言会变成我的行为。

我要注意我的行为，

因为我的行为会变成我的习惯。

我要注意我的习惯，

因为我的习惯会变成我的性格。

我要注意我的性格，

因为我的性格会变成我的命运。

站到镜子前，看看对面那个精神焕发的自己。你的自信即将成为你在外拓营销中的利剑，带你所向披靡。

2. 形象准备：微笑、统一着装、工牌

做好心态准备之后，你需要做的就是形象准备。良好的外在形象是外拓营销成功的敲门砖。

一般情况下，客户可能不会太在意你的外表是否靓丽。但是，如果你的外在形象引起了客户的不悦甚至是反感时，你接下来的一系列工作都将失去意义。尤其是作为银行工作人员，专业、统一的着装，能够为客户带来足够的安全感。

作为银行工作人员，着装和仪容的总体要求是：整洁、大气、利落。一般银行都会配发统一的工装和工牌。外拓营销人员走出去代表的是银行的形象，所以必须着统一的工装，并佩戴好自己的工牌。同时，在外拓营销中，为了起到宣传银行品牌的效果，以及体现工作人员的专业性，我们还要披上统一印制有银行标志和名称的绶带。

除此之外，为了在外拓营销中行走更加方便，女士最好穿平底鞋，或者低跟鞋。长发女士，一定要将头发盘起来，使整个人看起来更加干净、利落。为了表示对客户的尊重，同时也为了提升自己的精气神，女士最好化淡妆，不能使用气味浓重的香水。此外，男士的头发不宜过长，胡须要刮干净。无论男士还是女士，指甲都不宜过长。

当你做好以上这些形象要求之后，请再次站到镜子前，仔细检查每个小细节是否有疏漏。确认仪容仪表没有任何问题之后，你需要进行微笑练习。

微笑是打开人际交往的魔力开关。无论是陌生客户，还是老客户，只要你带着微笑登门，就已经降低了被拒绝的概率。微笑不仅能够缩小人和人之间的心理距离，敲开情感的交流之门，而且也是为对方带来愉悦的良药，能够引发对方对你的产品和服务的兴趣和好感。

但是，并不是所有的微笑都有这样的魔力。虚假、讨好的微笑，反而会使人觉得不适，甚至是反感。只有真诚、适度、合时宜的微笑，自然、大方、亲切的微笑，发自内心的微笑，才能够为你敲开客户的心门。

3. 物品准备：名片、产品单页、客户登记表、小礼品

一旦你在心态和形象上做好准备，你就已经成功迈开了外拓营销的步伐。如果此时你的包里装着早已准备好的外拓营销需要的物品，如名片、产品单页、客户登记表和送给客户的小礼品等，你会更加自信地走向客户。

一般来说，外拓营销需要的物品都是由银行统一提前三天准备好，再在外拓营销之前分发给每个外拓营销人员。但是，为了防止失误，外拓营销人员在拿到物品之后，最好再对照银行外拓营销个人物料准备表（如表 1 所示）进行一一核查，确保万无一失。

4. 商圈了解：经营范围、市场环境、客户需求

《孙子兵法》云：“知己知彼，百战不殆。”所以，除了心态、形象和物品准备之外，银行外拓营销人员提前做好对即将外拓的商圈的了解工作，在客户身上“下工夫”，同样可以为外拓营销的成功加码。银行外拓营销人员可以使用外拓营销项目训前调研表（如表 2 所示）对银行基本情况、外拓区域情况、产品及优惠情况、其他竞争对手情况有一个大致的了解。

在对商圈进行调研分析中，银行外拓营销人员重点要从以下三个方面入手：经营范围、市场环境和客户需求。这三点不仅是在和客户沟通中寻找共同话题的重要信息来源，更是挖掘客户潜在需求的关键。

对于和客户沟通的准备工作，银行外拓营销人员要站在客户立场提出三个问题：

（1）我为什么要见你？

（2）你能给我提供什么有独特价值的服务？

（3）你及你的产品有什么独特之处？

准备好这三个问题的答案，你就能够在和客户沟通中，做到“兵来将

挡，水来土掩”。

做好心态准备、形象准备、物品准备和商圈了解这四项工作之后，现在，你可以自信、从容地走出去，寻找你的目标客户了。

表 1　　银行外拓营销个人物料准备表

序号	名称	数量	用途	效果指数
1	工装	每人 1 套	形象塑造	☆☆☆☆☆
2	领带/丝巾	每人 1 条	形象塑造	☆☆☆
3	工牌号	每人 1 个	身份证明	☆☆☆☆
4	名片/联络卡	每人 1 盒	联系方式	☆☆☆☆☆
5	绶带及别针	每人 1 条	形象塑造	☆☆☆☆☆
6	笔记本、笔	每人 1 套	记录重要事项	☆☆☆☆☆
7	手提袋	每人一个	记录重要事项	☆☆☆☆☆
8	产品宣传资料	每组若干	产品推荐	☆☆☆☆☆
9	业务办理申请表	每组若干	办理业务	☆☆☆☆☆
10	敲门礼品	若干	根据需要拉近距离	☆☆☆☆☆

表 2　　外拓营销项目训前调研表

（1）银行基本情况

经营情况	组织人员	参与人员
• 存款规模 (　　　　) • 贷款规模 (　　　　) • 我行的市场份额占比 (　　　　) • 不良率 (　　　　)	• 是否行领导牵头，职务？ (　　　　) • 主要组织部门 (　　　　) A. 人力资源 B. 信贷 C. 电子银行 D. 市场拓展部门 E. 其他	• 总人数（　　　） • 各支行网点负责人人数（　　　） • 客户经理人数（　　　） • 大堂经理人数（　　　） • 柜员人数（　　　） • 30 岁以下人数占比（　　　） • 是否组织过“扫街”活动（　　　） A. 是（每年次数）　B. 否

续 表

（2）外拓区域情况				
商区	社区	园区	乡镇	机关学校
以支行为单位划分区域 • 城区支行个数 （ ） • 拟安排外拓支行个数 （ ） • 乡镇客户经理是否可以安排城区 （ ）	• 有物业小区个数 （ ） • 拟外拓个数 （ ）	• 工业园数量 （ ） • 成规模的企业数量 （ ） • 是否有工业园管委会 （ ） • 是否可以联系上管委会负责人 （ ）	• 拟外拓的乡镇个数 （ ） • 乡镇可安排的种养殖客户安排 （ ） • 乡镇村支书可组织村民的个数 （ ）	• 可联系的学校的数量，教师人数 （ ） • 可联系上的小学数量，教师人数 （ ）

（3）产品及优惠情况		
资产业务	电子银行产品	负债及其他
• 针对商户的贷款产品有 （ ） • 针对公职人员的产品有 （ ） • 针对种养殖客户的产品有 （ ） • 针对企业的贷款有 （ ） • 普通居民类贷款有 （ ） • 是否有票据产品 （ ）	• POS 或转账电话（ ） A. 是否需要押金 B. 手续费是否有优惠 • 是否有 VIP 卡 （ ） • 是否有信用卡 （ ） • 手机银行收费标准 （ ） • 网银收费标准 （ ） • 短信通知收费标准 （ ） • 电话银行是否有 （ ） • 是否有 ETC （ ） • 其他产品有（ ）	• 是否有存定期优惠 （ ） • 是否有理财产品 （ ） • 是否有代发工资、代收水电、煤气物业费 （ ） • 是否有黄金、基金、保险 （ ）

续 表

(4) 其他竞争对手情况		
××银行	××银行	××银行
• 是否有促销活动 (　　　　　　) • 优势产品或服务 (　　　　　　)	• 是否有促销活动 (　　　　　　) • 优势产品或服务 (　　　　　　)	• 是否有促销活动 (　　　　　　) • 优势产品或服务 (　　　　　　)

银行外拓营销第二步：打破陌生

当外拓营销人员走出银行，所面对的大多数客户都是陌生的。如何打破陌生，和对方建立业务联系，正是外拓营销人员的首要任务。打破陌生主要通过以下三种方式进行（如图3所示）。

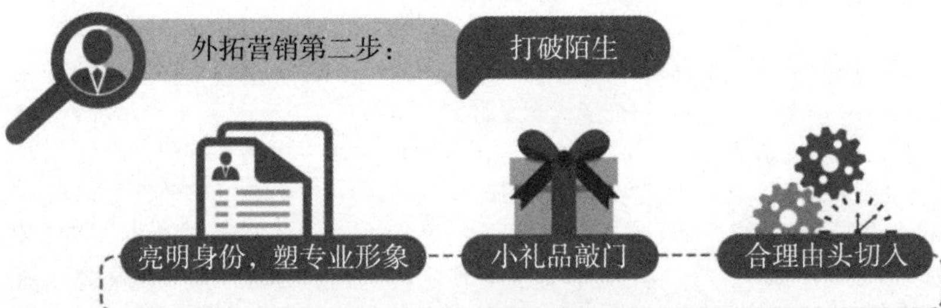

图3　银行外拓营销第二步：打破陌生

1. 亮明身份，塑专业形象

很多银行外拓营销人员不知道如何和陌生人打交道。事实上，作为银行工作人员，大可不必过于纠结如何开口更好，最好的打破陌生的方法就是“亮明身份”。

礼貌地走到客户面前，递上名片，或者亮明“营销客户经理”的工作牌，微笑着介绍自己银行工作人员的身份，建立初步信任，表明：我们是正规的银行，我是正式的银行工作人员，您大可放心。

举例一：大叔您好！我是××银行客户经理胡力元。（语调：亲切热情）

举例二：老板您好！我是××银行的王主任，给你们送钱来了。（直接切入）

如果对方是转介绍来的客户，一定要提及介绍人，不仅可以增加对方的信任，同时可以有效拉近双方的心理距离。

2. 小礼品敲门

有句话说，礼多人不怪。这里的礼虽然指的是礼貌、礼仪，但对于人和人之间的相处来说，礼品多了同样好处多多。

银行外拓营销人员如果实在不知道如何打破陌生，也可以采用小礼品敲门的方法。进门拜访时，微笑着适时递上早已准备好的小礼品，先堵住客户想要拒绝的念头，拉近和客户的距离。

举例一：给您送一份小礼品，谢谢您对我们××银行的支持。

举例二：我们××银行正在搞一个营销活动，走访了解需求，感谢您的支持。

举例三：我们××银行给大家送个礼，希望大家宣传宣传。

当然，送礼也要讲究技巧，既要引发对方的兴趣和好感，又要起到宣传银行的目的。

（1）无标志不如有标志。既然送礼，就要让对方知道是谁送的，否则，礼就白送了。所以，所有送给客户的小礼品，都必须印上银行的标志或者名称。

（2）不包装不如包装。虽然现在讲究节俭节约，对于产品包装越来越讲究简单化。但是，对于礼品来说，离开了包装，不仅显得送礼人不够诚心，也降低了收礼人的心理预期。所以，无论多小的礼品，都要用心做好包装。

(3) 晚递不如早递。有些外拓营销人员和客户聊得太开心，以至于忘了送礼品。等到交易达成之后，才想起来送礼品给客户。事实上，这个时候再送礼品就失去了价值，既不能激发客户对银行产品和服务的兴趣，也无法让客户因“受惠”而提升对银行的好感，反而会让客户觉得：我购买了你们的产品，才送这么一个小礼品！所以，既然送礼，晚递不如早递。

(4) 有选择不如无选择。一般来说，为了满足不同客户的需求，银行会准备多种礼品给外拓营销人员。有的外拓营销人员为了达到“讨好”客户的目的，会说：“我们这里有三种礼品，牙刷、毛巾和雨伞，您看您要哪种?”这种将礼品选择权交给客户的做法是绝对不可取的。客户会在选择的过程中，对银行提供的礼品挑三拣四，难以达到“送礼”的目的。最好的做法是：我们今天的营销活动，所有参与者都送毛巾一条。让客户没有选择，反而会珍视礼品。

(5) 一次给不如两次给。为了创造更多的沟通机会，在礼品充足的情况下，可以分两次送给客户。

(6) 无身份不如有身份。“专门为某类客户制作的”礼品，一定比所有人都能得到的礼品更容易打动客户。

(7) 无形不如有形。送给客户 100 元的理财产品，不如送给客户一条 10 元的毛巾效果好。人更容易相信眼前看得到、摸得着的东西。

(8) 无条件不如有条件。有时候，客户会要求外拓营销人员多送一份礼品。事实上，对于这类价值不太高的小礼品，多送一份也未尝不可。但是，为了提升礼品的价值，最好是和客户谈条件，让客户为你提供某种帮助才能得到礼品。比如：“您再帮我介绍一个客户，我再送您一台豆浆机。”这样的条件，既能够为自己带来实在的利益，同时也能让客户觉得礼品不是“白得的”，是自己的付出换来的，也会更加珍惜礼品。

3. 合理由头切入

很多外拓营销人员不敢拜访客户的主要原因就是：没有合适的理由。无论是陌生客户，还是银行存量客户，对于银行营销人员的突然造访，都会感到惊讶，甚至有些警备。合理的由头就是消除客户心中惊讶和警备最好的手段。

一般来说，合理的由头一定是和客户相关的，而且是具体的某一个点。绝对不能用专业术语和客户讲由头，只会适得其反。

> 举例一：我们××银行这两天在做活动，免费为客户上门办理POS机，我看您店里还没有办理POS机，想了解一下您对POS机的需求。（“上门服务”比“外拓营销”更容易让客户接受）
>
> 举例二：您的生日快到了，今天我们是专程来给您送生日礼物的，感谢您一直以来对我们××银行的支持。
>
> 举例三：这是我们××银行××支行的支行长。他正在走访一些重点客户，调研市场信息。您对我们××银行有什么意见和想法，尽管和他说。

无论你用什么方法，只要打破陌生，撞开和客户之间的那道墙，外拓营销的成功就在下一步。

银行外拓营销第三步：挖掘需求

一个小伙看上一个姑娘，想尽办法打破陌生之后，如果转身就走，那真是得不偿失。他一定会继续想办法了解姑娘更多的信息，争取从某种信息中获得和姑娘建立进一步联系的借口。同样，对于外拓营销人员来说，打破陌生只是敲开了门，想办法挖掘对方的金融需求，才是真正要做的事。

有些外拓营销人员，刚亮明身份就直接问："您要不要在我们银行办理一张信用卡？"这样做的结果往往是——客户说：对不起，我已经有四张信用卡了。所以，利用一些技巧侧面了解客户在金融方面的需求，有助于我们对症下药，向客户推荐他恰好需求又无法拒绝的产品和服务，为成交做好铺垫。挖掘需求可以通过以下五方面来进行（如图 4 所示）。

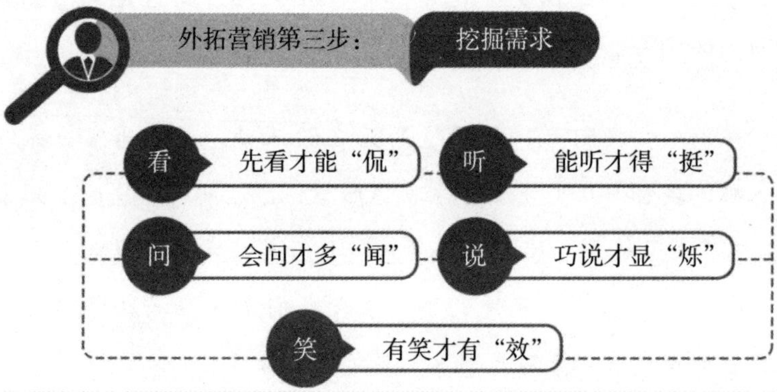

图 4　银行外拓营销第三步：挖掘需求

1. 看：先看才能"侃"

所谓"看"，实际上就是观察。通过观察对客户的初步信息进行识别：

（1）业务办理识别：对方是否为我行客户？目前在银行办理的主要业务为哪些？

（2）环境着装识别：从对方所处的环境和着装层次识别其经济水平和品位需求。

（3）行为方式识别：从对方的行为方式识别其知识水平和为人处世的习惯。

（4）信息内容识别：寻找共同话题，引发客户兴趣点。

（5）职业身份识别：通过职业身份的识别挖掘客户不同的金融需求。

（6）性格特质识别：通过性格特质的识别寻找不同的沟通技巧。

2. 听：能听才得“挺”

俗话说，言为心声。真正精明的外拓营销人员往往都是善于聆听的。他们知道，除了在最初阶段需要自己主动介绍、寒暄赞美之外，更多的说话机会应该留给客户。客户的满意或者不满意、赞同或者不屑，都可以通过客户的语言或者身体语言表达出来。能听、会听的外拓营销人员通常能够从“听”中判断出客户的类型以及真正的需求。

同时，耐心聆听的态度也可以使客户感到自己被尊重和欣赏，同样，客户会用感激和热情来回报你的真诚。当我们侧耳倾听的时候，姿态往往是谦恭的、温和的，这无疑会使我们在客户那里更受欢迎。

3. 问：会问才多“闻”

对于营销人员来说，一切答案都在客户那里。无论是你“看”出来的需求，还是“听”出来的需求，最终都需要得到客户的确认。问对问题，往往能够让外拓营销人员以最快的速度确认对方的需求，实现成功销售。

这里，我们可以采用 SPIN 提问模式（如图 5 所示）。

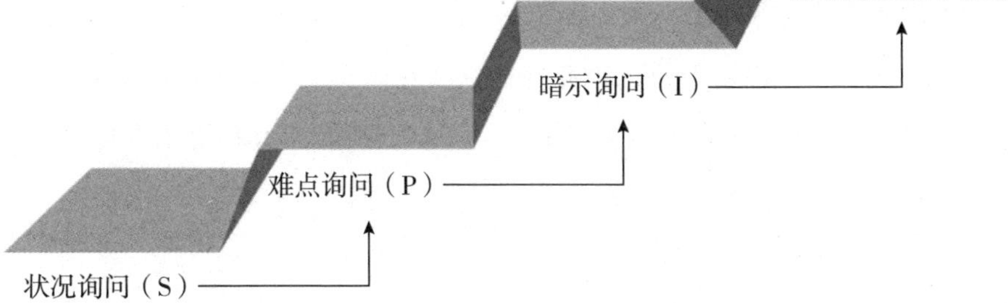

图 5　外拓营销 SPIN 提问模式

（1）S：收集事实、信息及背景数据

状况询问举例：

陈总，请问您目前的投资情况如何呢？

彭小姐，请问您目前在做哪方面投资啊？

陈先生，请问您之前购买过基金吗？

（2）P：找出难点、困难、不满

难点询问举例：

您这么忙，有足够的时间打理吗？

目前全球市场一片低迷，您怎么看啊？

您对现在的收益还满意吗？

（3）I：客户关心的问题产生的后果和严重影响

暗示询问举例：

您看您一直忙于自己的公司生意，这么大的一笔闲散资金疏于打理，去年通胀率高达8%，您的活期存款无形中就缩水了8%。您没有考虑一下该如何规避这个损失吗？

（4）N：引导客户积极提出解决问题的对策

满足需求询问举例：

如果有专人帮您打理，您愿意吗？

我们的产品能帮您保本并有最低收益保证，您觉得如何？

收益4%又保本的理财产品，对实现您的理财目标会不会有帮助？

4. 说：巧说才显"烁"

虽然在打破陌生中，为了拉近和客户的距离，我们已经做了不少的工作。但是，陌生人之间要想真正消除戒备，并不是三两句话就能够实现的。所以，在挖掘需求时，会说的外拓营销人往往利用寒暄、赞美、套近乎让对方彻底消除防备，营造良好的沟通氛围。

举例一：老板，您生意好啊！

举例二：看您挺年轻的，年轻有为啊！

举例三：您家孩子哦，真乖、真可爱。

这样的话语，客户既不能否定、拒绝，也不可能避而不答，在你来我往的聊天中，双方的心理距离就渐渐更近一步。

赞美的不同层次与效果举例：

您是一位专业的投资者！（单纯赞美对方能力）

在现在这么复杂的投资环境下，您依然能够把握住投资的方向，真是难得！（强调困难，突出对方能力）

张总，在现在这么复杂的投资环境下，您依然能够把握住投资的方向，真是难得！（加上称呼，增强赞美的个性化）

张总，在现在这么复杂的投资环境下，您依然能够把握住投资的方向，真是难得！那么您是怎么来选择投资方向的呢？（个性化赞美+需求引导）

所以，真正会赞美的人，在赢得对方肯定的同时，也为自己争取利益。

5. 笑：有笑才有“效”

我们在前面的内容中，已经多次提到“笑”对于外拓营销人员的重要性。在挖掘需求时，“笑”同样必不可少。无论你是“看”“听”“问”“说”，都要记得在嘴边挂上发自内心的真诚的微笑。

沟通中的微笑，不仅能够营造出亲切、温馨的沟通氛围，还能够有效化解沟通中偶尔出现的不愉快，让沟通顺利进行。

在挖掘需求这一步，银行外拓营销人员需要注意的是，无论你对客户的金融需求做怎样的预判，都必须想办法得到客户的确认。否则，你将很难确定下一步你要向客户介绍哪种产品。

银行外拓营销第四步：产品介绍

一旦确认客户的需求，银行外拓营销人员就迈入了第四步——产品介绍。这是整个外拓营销流程中最核心的一步。产品介绍得好坏将直接影响客户对产品的体验，进而影响到成交与否。

一般来说，最有效、最简单的产品介绍方法就是 FABE 推销法（如图 6 所示）。

图 6　银行外拓营销第四步：产品介绍

F（Feature）特点：是对产品的特质、特性，例如款式、技术参数、配置等最基本功能的描述，以及它是如何用来满足我们的各种需要的。产品的特点回答了客户心中“它是什么”的疑问。标准句式为：因为……

A（Advantages）优势：介绍该产品和其他产品相比的优势，同时解释了产品特点如何被利用。它回答了客户心中“它能做到什么”的疑问。标准句式为：从而有……

B（Benefit）利益：告诉客户该产品将如何满足他们的需求。一般来说，利益都需要深入挖掘，以找到最能打动消费者的点。它回答了客户心中“它能为我带来什么好处”的疑问。标准句式为：对您而言……

E（Evidence）证据：是向客户证实你前面所讲的利益、好处。它回答了客户心中“怎么证明你讲的好处”的疑问。标准句式为：您看……

FABE 话术演练一：手机银行/个人网银

第一，开场白——自我介绍，打破陌生。

您好！我们是××银行的工作人员。我们正在提供上门服务的活动，可以免费帮您开一个手机银行。

第二，它是什么？（一句话营销）

它相当于您的 24 小时贴身移动银行……

第三，它能带来什么好处？（卖点）

一是它可以办理除存取款之外几乎所有的业务；

二是它可以帮您节省到网点办理和网点排队的时间；

三是它可以同行跨行免费转账，可以节省您的大笔手续费；

四是它不受任何时间空间限制，全天 24 小时随时随地可以办业务。

第四，这些好处表现在哪里？（讲故事、三讲）

我之前有一个客户，是开品牌女鞋店的。他经常给客户汇款，每次到银行都要排队等待很久，后来办理了手机银行后，转账只需二三分钟就搞定了，既省时间又省费用。我们每天都有大量客户在办理，您也办一个吧！正好我们提供上门服务，您只要签个字，这个产品就是您的啦！

FABE 话术演练二：福农信用卡

第一，开场白——自我介绍，打破陌生。

老板，您生意做得这么好，资金周转一定很快吧，我行现在针对您这样的客户开发了一款大额信用卡产品。

第二，它是什么？(一句话营销)

它能满足小微企业中短期资金需求，随时填补经营周期产生的资金缺口。

第三，它能带来什么好处？(卖点)

一是用款灵活，快捷方便。有需求时可随时申请用款，自行选择1天至180天的用款期限，并可随时还款。

二是无须抵押，金额最高可达50万元。

三是减轻客户资金使用成本，透支使用1万元，手续费最低每日仅需3.33元，且我国境内取款均不收手续费。

第四，这些好处表现在哪里？(讲故事、三讲)

您看我这里有个客户在朋友圈的分享：他之前每次遇到资金问题，都要到处跑银行办贷款。最后好不容易办下来了，用不了几天，手上又有闲钱了。不还吧，贷款利息也不少，还了吧，又违约。后来，我推荐他办了这个福农信用卡，随时用随时取，随时有钱随时还，特别方便。咱们做生意的，谁能没有个着急用钱的时候呢，就算您现在用不着，先办一个备着，也不多余。正好我们提供上门服务，您只要签个字，这个产品就是您的啦！

FABE 的方法，不仅有助于整理出银行每款产品介绍的要点，更有助于我们在向客户介绍产品的过程中有逻辑地进行讲述。但是，并不代表我们有了 FABE 的方法，在进行产品介绍的时候，就能够万无一失。其中，还有不少注意事项。

1. 选择一款容易接受的产品或建档切入

在向客户推荐产品的时候，如果挖掘出客户的需求较为复杂，最好选择一款大部分客户都比较容易接受的产品或信息较为简单的建档表进行切入。道理很简单，从小的对方容易接受的要求切入，为提出大要求做好铺垫。这就像男生和女生谈恋爱的时候，明明想抱一下对方，却问：“我能牵一下你的手吗?”

2. “无身份”不如“有身份”

在介绍产品的时候，为自己塑造一个专业的金融顾问形象，往往更容易赢得客户的信赖。此外，对于中国人来说，“是官都给三分敬”，所以，一个“客户经理”往往比“业务员”更容易成交。

3. “无昵称”不如“有昵称”

昵称一般是指现实生活中俗称的小名，能表示亲近和喜爱。外拓营销人员可以通过赋予对方喊自己昵称的方式赢得亲近。例如，平常同事都叫我“小张”，您也叫我“小张”吧。

4. “无工具”不如“有工具”

一般金融产品和服务都是无形的，而适当的工具可以帮助我们更好地将产品和服务展示给客户，让客户获得更好的体验。例如，通过手机向客户展示手机银行的用法和优势等。

5. 语速不可过快

过快的语速不仅难以让人听清内容，还会在无形中给人造成紧张、压迫的感觉。所以，在进行产品介绍的时候，外拓营销人员切不可语速过快。即使平时说话语速都比较快，此时也要有意识地放慢语速。

6. **逻辑要清楚**

你给客户讲产品，你大脑里的逻辑有多清晰，客户就有多清晰。无论多么精彩的内容，一旦表达的逻辑不清，都会难以让人理解。外拓营销人员在介绍产品的过程中，一定要注意表达的逻辑顺序。可以采用 FABE 的方法对产品进行介绍，也可以采用一、二、三、四的罗列法，使你的语言听起来较有逻辑。

7. **卖点数量适当**

你告诉客户 1 个卖点，客户记住 1 个卖点；你告诉客户 3 个卖点，客户记住 3 个卖点；你告诉客户 8 个卖点，客户 1 个卖点都记不住。心理学研究发现，客户能够记住的卖点不超过一巴掌。所以，告诉客户的卖点不能超过 5 个。

8. **简单、口语化、好理解、接地气、老百姓**

金融产品和服务中有很多专业术语，我们作为工作人员了解，但是客户不一定了解。我们工作中最重要的一点就是，将客户理解不了、难以明白的专业术语，转化为客户能够理解的简单的、口语化的、接地气的老百姓话语。只有这样，客户才能真正知道产品对他们是否有用，他们到底需要不需要这款产品。

9. **三讲：讲数据、讲故事、讲案例**

在营销中，最具有说服力的就是数据。尤其是对于银行方面的业务来说，外拓营销人员必须学会和客户算账，跟客户讲数据。告诉客户他通过某款产品能够赚 500 元，比你列举 10 个卖点都更有效果。

最容易打动客户的则是故事、实例。告诉客户他的某个熟人购买了本行的某款理财产品之后获得了多少收益，一定比你直接告诉客户他如果购买这款理财产品将会获得多少收益更能打动他。

除了以上这些注意事项之外，还需要提醒银行外拓营销人员注意的是：

一定要拿一款比较适合目标客户的产品进行切入。

不要同时推荐多种产品，不要几个外拓营销人员同时向客户开口。

所有产品的卖点都是比较出来的，就如幸福是比较出来的一样。但是，在和其他产品进行比较的时候，绝对不可以贬低竞争对手的产品。

银行外拓营销第五步：异议处理

拒绝和异议是销售的起点。对产品和服务提出异议的客户，才是真正值得我们关注的潜在客户。所以，银行外拓营销人员如果遇到提出异议的客户、直接拒绝的客户，不必过于担忧，更不能因此影响情绪。要知道，所有客户的拒绝和冷漠都是纸老虎，所有客户的需求都是挖掘出来的。成功的关键在于，我们要掌握异议处理的技巧。

一般来说，异议处理可以分为四个标准化动作：认同，赞美，转移和反问（如图 7 所示）。

异议处理标准化动作

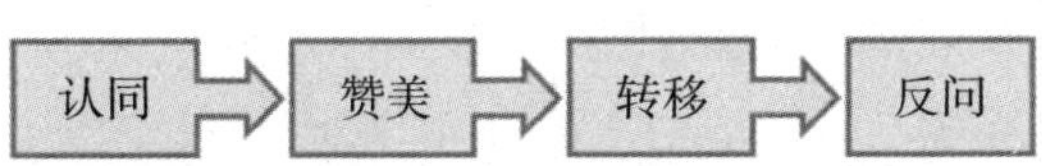

图 7　银行外拓营销第五步：异议处理

首先，无论客户提出什么样的异议或者拒绝的理由，我们都不能直接反驳，而是要顺着客户说，先认同客户的观点。

例如：不需要了，我都是到隔壁去刷。

认同：大姐，这样做也挺方便，不过还是自己有一台更划算，一方面自己可以控制，另一方面我们根据刷卡量是可以提供贷款的。隔壁是用的什么刷卡机呢？等下麻烦带我们去看看。

其次，对客户的态度、言行、品德、思维等方面进行赞美。（主要是针对客户提出异议的某一点表示赞美）

例如：我们现在不需要。

赞美：我想您一定是一个很直率的人，我最喜欢和直率的人打交道。

再次，将话题巧妙地转移到本行业务上来。

例如：考虑考虑再说。

转移：顺便问一下，您在办理信用卡方面，最大的顾虑是什么呢？

最后，提出反问，引导客户对你所提出的产品或服务提供有效回答。

例如：我刚在××银行买过理财产品，现在不需要了。

反问：您看在选择理财产品时多一种选择是不是更好呢？

在异议处理中，只要熟练运用以上四个标准化动作，一般都能够将异议化解于无形之中。而熟练运用的前提是：反复练习，反复练习，反复练习。

下面，我们针对金融产品常见的一些异议，进行问与答的练习举例。

案例 1：

问：我四五年前也在你们行办过业务，但服务态度太差，那张卡还在，这几年我都再没去过你们银行了。

答：一看您就是一个直爽的人，也正是有了您这样的优质客户，我们行在近几年才发展飞快，在方方面面都取得了一定的成绩。我自己就是一名临柜工作人员，我知道服务的重要性，也深知客户对于我们的重要性，请再给我们一次机会，您现在可以去我们银行感受一下，全县每家网点服务都数一数二，一定会给您一个惊喜。

案例 2：

问：我在××银行最高额抵押贷款利率只要6厘多，你们行为什么要8厘多？

答：一看您就是很有经营头脑的人，对银行的利率也比较了解。但您想一下，我们的贷款还款方式是按月结算，到期还本的，也可以一次授信，随用随贷，不用就还，利息是按实用天数计息的，而其他银行有的是分期还款，每期都要还本付息，而且是还利息的比例较大；有的是贷款一经发放，您用不用都要交息，除非还清。这样算下来，我们行用款方式灵活，不让客户多出一分冤枉钱，实际利息比其他银行要低。

案例 3：

问：你们的手机银行都是在网络上进行，现在手机诈骗和网络病毒很多，我办理了你们的手机银行会对我的个人资金造成威胁吗？

答：您的考虑非常周全，我行在推出这项业务之前已经考虑到了您所考虑的问题，您的问题正是所有客户所担心的问题，因此我行手机银行都是经过专业科技人员反复研究实验得出的成果，系统很缜密，而且要通过登录密码、短信验证码、支付密码三重密码保障才可以完成一笔结算业务，所以完全可以放心使用。

案例 4：

问：为什么挂失要本人来领，太麻烦了，影响我们的时间、精力。

答：挂失的办理流程的确是这样。一看您生意就做得比较大，平常时间肯定很宝贵。但是，对于我们银行来说，客户的资金安全永远是第一位的。我们不想让我们的任何一位客户资金受到一点点损失，缜密的工作环节是资金安全的基本保证，相信您也不会因为受点麻烦而置自己的资金安全于不顾，您说是吧？

案例5：

问：我们不做你们行的生意。

答：大姐，您先别说，让我猜一下是什么原因让您对我们行印象那么深刻。距离远？服务差？哦，都不是……我知道了。一定是某位工作人员无意间让您的感情受到了伤害，如果是这样，说明大姐您之前还是很喜欢我们的，恨即是爱嘛！大姐，您给我们一次将功补过的机会，让我们的爱得以继续，我们一定会用心呵护这份爱的。

案例6：

问：我说过了，我不需要，不要再来烦我！

答：可能现在您不需要贷款，但没准以后买房买车什么的也有需要啊！我们先向您介绍一下，您可以先了解一下呀！耽误您的时间了，我送您一个小礼品，您看看对于我们的产品和服务有什么建议，我们日后可以针对您的意见进行改进。

案例7：

问：你们银行办理业务速度太慢。

答：一听您就是我们银行的老客户，不好意思，让您久等了。是这样的，办理速度可能与网速有关，也可能是咱业务员不熟练，稍后我一定会反映您的宝贵意见，现在咱银行硬件设备全面升级，业务员也都是经过全面培训的，这次活动优惠力度也挺大的，希望您给我们一个重新服务您的机会，也给自己一个获得最大利益的机会。

案例 8：

问：我在其他银行都是 VIP，办理业务都不用排队的，很多收费项目也很优惠。你们银行怎么不设 VIP 呢？

答：您好，我们银行暂时没有设 VIP 窗口，但是每一位客户对我们来说都非常重要，都是我们的 VIP。其实我们的员工办理业务速度还是很快的，现在窗口设置也很合理，加上大堂经理的分流引导，也不会让您等太久的。而且您还可以开通个人网银和手机银行业务，很多业务足不出户便可以完成。在收费这方面，您就更不用担心了。我们的银行卡不收年费和小额账户管理费，短信提醒免费，网银转账和手机银行转账也是免费的，是不是比其他行的 VIP 还要优惠呢？

以上 8 个案例仅仅是客户异议中的沧海一粟，外拓营销人员在实际工作中要做到“举一反三”。对于银行外拓营销人员来说，客户的异议随时随地都会出现，而且变化万千。但是，只要掌握好异议处理的四个标准化动作，银行外拓营销人员就可以以不变应万变，将客户的所有异议都化为销售的机会。

银行外拓营销第六步：礼貌告别

这一步在外拓营销中非常关键。如果处理得好，不仅成为这次拜访的良好收尾，更能为下一次拜访赢得机会。

在笔者对银行外拓营销进行指导的过程中，有不少学员跟笔者抱怨：老师，我都按照您教的步骤和客户进行沟通了，但是最后客户还是没有购买我们的产品和服务。

这很正常。如果我们接触的每一个客户都能够成交，那才不正常。对于外拓营销人员来说，只要你走出去，跟客户接触，就是一种成功。所以，不要纠结于客户是否成交。不管是否成交，最后都要留下外拓营销的宣传资料和联系方式给客户。不管客户是否礼貌，我们都要以微笑、礼貌来结束营销服务。记住，争取下次拜访的机会，和本次直接成交同样重要。礼貌告别要做到以下三点（如图8所示）。

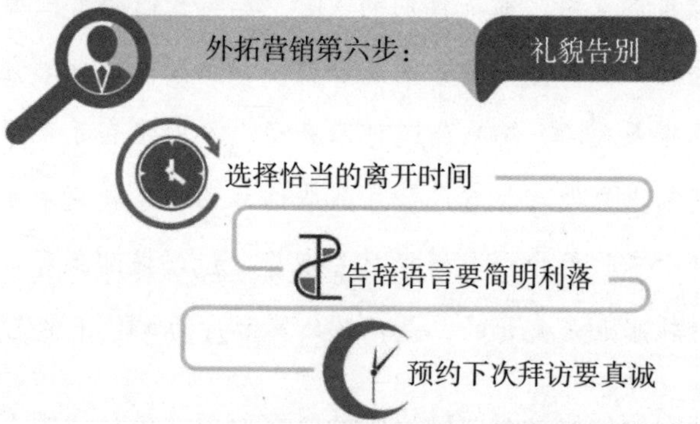

图8　银行外拓营销第六步：礼貌告别

1. 选择恰当的离开时间

有些外拓营销人员因为急于拜访下一个客户，争取更大的拜访数量，却忽视了质量。刚和客户见面，打完招呼，就急于离开，有的甚至忘记让客户填写建档表，还有的忘记留下自己的联系方式。像这样的拜访，根本就是无效的，不但对业绩提升毫无益处，更难以给客户留下专业、稳重的好印象。

还有些外拓营销人员到一个客户那里，闲聊起来就忘记了时间，一待就是一两个小时。不仅耽误外拓营销的进度，还会引起客户的质疑和反感。

小王是邮储银行某支行的客户经理。他平常为人直爽、不拘小节，在工作中和许多客户都很聊得来。

在一次外拓营销过程中，他和两个同事一起拜访一家便利店的老板。为了使拜访工作进展得更加顺利，小王提前认真地做好了各项准备工作。拜访的过程中，小王为主营销人员，尽情展现其活泼开朗的一面，谈笑风生，和客户聊得非常融洽。

小王借助融洽的氛围，不断地向客户提问，深挖需求，希望能够多签下几个产品和服务。期间，客户不断起身去招呼买东西的顾客。小王见此，不断对打扰到客户表示致歉，客户也非常客气地表示“没什么”。

很快，一个多小时就过去了。小王的同事觉得聊得差不多了，而且快到中午了，客户肯定要去吃午饭，就示意小王离开。但是，小王觉得客户肯定还有可挖的需求，就又问了客户两个问题。

最后，客户实在忍无可忍，只能直接告诉他们三个人：“我一会儿要回家吃午饭，就不留各位了。”

小王和他的同事听后非常尴尬，赶紧收拾一下资料就匆匆忙忙地离开了。

后来，在整理资料的过程中，小王发现，他只顾着挖掘客户的需求，甚至连建档表都忘记让客户填写。而且，小王的这次拜访，给客户留下了很不好的印象，导致那位客户之后都拒绝接听他的电话。

像小王这样的外拓营销人员，笔者在培训工作中见过不少。认为和客户聊得不错，就想“一口吃成个胖子”，不断地向客户提出要求，最后导致客户“翻脸”，反而得不偿失。

一般来说，初次陌生拜访的时间应该控制在20~30分钟。而对于外拓营销人员来说，最好将这个时间控制在10~20分钟。

当然，这只是一个大概范围，确切的离开时间，还需要外拓营销人员细心观察，根据当时的情况决定是否离开。比如，发现机关单位的客户有频繁看表、不断喝水等动作，或者商铺的客户不断起身去接待顾客等情况，外拓营销人员就应该抓紧时间介绍产品、敲定需求，争取快点结束拜访。

2. 告辞语言要简明利落

生活中，我们经常会遇到这样的人：到别人家做客，说完“告辞”之后，又喝了两口水，说了几句话……过了一会儿，又说“告辞”，又喝了几口水，说了几句话……

这样的客人总是让主人感到无奈。所以，外拓营销人员一定要避免犯这样低级的错误。一旦说完“告辞”，就赶紧起身，准备离开。

从座位上起身的动作不要太大，同时也要注意，离开之前，要轻轻地将椅子或凳子放回原处，然后再和客户握手告辞，并对对方的接待表示感谢。整个过程中，外拓营销人员要始终保持微笑，语言不宜啰唆，简单介绍事件的要点即可：

> 这是我的名片，以后如您对我们银行业务有什么需求请与我联系。我也会随时将本行推出的一些新业务及时告知您，谢谢您对我工作的支持。再见。

3. 预约下次拜访要真诚

说到真诚，我们就不得不提一句话：我改天（下次）再来拜访您！

许多外拓营销人员在离开时，出于礼貌，都会有意无意地用这句话和客户道别。这句话虽然看似礼貌，却危机四伏。

俗话说，说者无意，听者有心。你可能只是说了一句客套话，但是，在客户听来，极有可能就变成了一种儿戏般的商业承诺。在拜访离开时，这样一句模棱两可的“改天”“下次”拜访，会给客户留下这样的印象：不用把这句话放在心上，他只是说着玩玩的；谁知道他什么时候又会突然蹿出来，反正也没什么重要的事……总之，客户会因为这样一句模棱两可的话而忽视你拜访的价值。

所以，外拓营销人员在和客户道别时，态度一定要真诚。如果要预约下次拜访的时间，就一定要明确，切不可用模棱两可的客套话来应付。你可以这样说：

> 张老板，我回去就把您申请信用卡的资料交上去。按照正常流程，大概需要1周的审批时间。在这期间，如果还需要什么手续，我会再登门拜访。到时，我会提前打电话和您预约时间。今天我就先走了，不再打扰您做生意。再见！

除此之外，如果外拓营销人员在离开时，发现客户办公室的门是关着的，出门后应该轻轻地把门关上。客户如果要相送，应该礼貌地请客户留步，并致谢。

出色的外拓营销人员的礼仪总是周全的。外拓营销人员对于拜访道别的礼仪一定要加以注意，绝不能将前面所有的付出都毁在最后道别的某个小细节中。

| 第四章 |
过程管理：银行外拓营销“四化建设”

外拓营销的效果如何，不仅取决于每一个“走出去”的外拓营销人员的拜访效果，还取决于外拓营销组织、管理人员的过程管理效果。本章我们将针对银行外拓营销过程管理的“四化建设”——技能提升日常化、客户管理精细化、客户活动常态化、成交转化持续化四点进行深入解读和分析。

技能提升日常化

在对银行外拓营销进行培训和指导的过程中，有不少银行的管理者以及外拓人员都曾向笔者反馈：外拓营销的效果不能持续保持。其关键就在于——没有做到银行工作人员在外拓营销中的技能提升日常化。

外拓营销要求银行工作人员“走出去”，把客户“请进来”。“走出去”需要勇气，“请进来”则需要技巧。因此，一场外拓深耕活动下来，每一个参与其中的银行工作人员在营销技能上都会有不少提升。如果银行管理层不能及时将这些技能进行强化，使其日常化，那么，外拓营销的效果将会大打折扣。

1. 职业心态日常化

对于任何销售岗位来说，真正影响我们销售业绩的不是我们的学历、经验和能力，这些看似“高大上”且必不可少的条件，在实际销售中都是浮云。真正能够使销售业绩快速提升的，是我们的心态。

在外拓营销活动中，前面有“导师”的激励和辅导，后面有“领导”的检查和考核，从而使每个参与人员都能够抱着最积极的心态去开拓、去销售、去成交。但是，外拓营销结束之后，每个人又都回归到了“原生态”：“等”客户上门，消极应对客户需求，抱怨客户问题太多……这些心态导致的直接结果就是：业绩下滑。

如果银行管理者希望外拓营销的出色业绩能够一直保持，就必须做好全体银行工作人员的心态管理，有效防止消极心态影响到整体工作氛围。

那么，如何才能确保员工一直保持积极、主动的职业心态呢？

对于银行管理者来说，可以通过定期、不定期的会议、培训、聚会等形式，有效帮助员工放松心情，防止员工放松警惕，出现消极情绪。具体可以采用早会、例会，不定期邀约交谈，培训，业绩公布及颁奖大会，集体出游等形式。为了使每次会议、培训、聚会都能产生不错的效果，组织者要明确主题，增强激励性与知识性，让参与其中的每个人都感到有收获，而不是抱怨浪费时间。最重要的一点，就是要让这种聚会形成规律，达到长期持续的目的。

2. 专业技能日常化

在外拓营销中，因为不了解陌生拜访的客户需求点是什么，所以每一个外拓营销人员不仅要熟练掌握其所在部门的业务知识，同时还要尽可能多地掌握其他部门的业务知识，以便在发掘客户需求的时候，能够第一时间提供有效的建议和服务。

但是，回归到日常工作中，很多银行工作人员都只守着自己的一亩三分地，不说其他部门的业务知识，就说本部门的业务知识，只要不属于自己的工作范畴，就“事不关己，高高挂起”，客户问起来，也只有一句“不知道”。如此一来，极有可能把潜在客户推了出去，更别提深挖客户其他需求了。

所以，银行管理者必须在员工中间树立全局意识，要求每一个员工除了熟知自己岗位、自己部门的业务知识之外，还要尽量多地掌握其他部门的业务知识，争取为客户提供更加全面、专业的金融服务。

除此之外，银行管理者也必须为员工提供方便的跨部门学习业务知识的平台，例如，不定期进行跨部门业务沟通交流会、定期在不同部门之间相互张贴业务更新宣传单等。

同时，建立畅通的跨部门沟通机制，也是扩大每个银行工作人员业务知识的有效途径。在移动互联网时代，沟通已经变得越来越快捷、简单。在银行内部通过移动互联网建立完善、畅通的沟通渠道，实现跨部门业务的即时沟通，必然能够有效提升银行整体的服务水平和业绩水平。

3. 服务技能日常化

银行外拓营销活动，在服务方面更多强调的是客户体验，而不是服务本身。

作为一个传统服务行业，银行业一直把“服务”作为首要任务。但是，一直以来，银行提供的服务都是从银行的角度出发，并未真正提升客户体验。例如，银行业一直以来的“坐”等客户上门的服务模式，造成了银行拥堵、客户需要长时间排队、业务办理周期受限等问题，为客户带来了不好的体验。

银行外拓营销中的每一个环节，都要求营销人员必须从客户体验的角度出发，为客户提供服务。例如，带着微笑上门拜访，通过闲聊了解客户的金融需求，提供即时办理服务等服务模式，以及在工作中扮演好两个角色——客户“生活的助手，事业的参谋”等。这些措施都使客户在享受银行提供的金融服务时，获得了绝佳的体验。

把这些服务技能有效运用在银行日常工作中，是每一个银行工作人员必须具备的素质。例如，客户上门办业务的时候，主动问候，询问需求；通过银行微信公众平台、微信群、微信一对一等形式，为客户提供日常金融知识的普及、金融产品和服务的推荐等服务。

4. 营销技能日常化

这一点，对于非营销部门的银行工作人员来说非常重要。许多处在服务岗位、后勤岗位的银行工作人员，缺乏营销意识，更缺乏营销技能。在日常工作中，只关注本岗位工作本身，即使客户提出某种金融需求，有的因为对其他岗位的业务不熟悉而错失销售机会，有的因为漠视销售机会而造成客户资源流失，还有的因为缺乏专业的营销技能而最终无法“成交”……总之，营销技能日常化是银行实现“全员营销”的关键一步。

下面我们以“邮储银行某支行外拓营销技巧汇总”为例说明银行工作人员要做到营销技能日常化，需要从哪些方面入手。

邮储银行某支行外拓营销技巧汇总：

（1）利用微信工具，将银行产品和服务信息发到微信朋友圈，提高宣传能动度，挖掘一切可挖掘的资源。

（2）实现跨部门、跨岗位联动营销，每个岗位人员都必须全面了解银行业务。

（3）坚持“三光政策”，对于有明确需求的目标客户，重点沟通突破。

（4）改善拜访方式，利用礼品作为敲门砖，利用新业务优势 ETC

作为突破口。

(5) 宣传时，不放过商户的顾客，同时，深度利用客户的朋友圈，和客户之间实现双项营销、互相营销。

(6) 从客户的角度，介绍适合客户的产品。

(7) 以优点业务引导客户，发展其他业务。

(8) 捆绑营销：在推荐客户银行卡时，同时推荐客户网银、电子银行、手机银行。

(9) 全方位、多角度营销：从产品角度讲，我行的多种产品推荐，不单一突出哪一类产品；从客户本身角度讲，不论客户有无我行产品需求，总能让客户接受我们的宣传。

(10) 完善后续跟踪服务。无论客户有无需求，都做到定期回访，为客户提供最佳服务体验。

以上信息是笔者在对银行外拓营销实际指导中总结得来的。事实上，每一次的银行外拓营销几乎都有专业导师现场进行培训、指导，力争使每个外拓营销人员的营销技能都更上一层楼。参照外拓营销工作打分纠偏表（如表3所示）和××银行外拓营销评优树先机制和落后者惩罚机制。银行工作人员要充分把握这个机会，和老师近距离接触：培训时认真听课学习，外拓中主动寻求老师的指导帮助，外拓后积极询问老师的点评总结。

除了积极主动利用老师的帮助提升自身营销技能，银行工作人员也要有自我提升意识。在日常工作中，不断地发现问题、分析问题、解决问题，定期进行经验总结，从而实现营销技能提升日常化。

如果每一个参与过外拓营销的银行工作人员都能够把外拓营销中的心态、劲头、技巧全部应用到日常工作中，实现技能提升日常化，银行必然能够实现业绩提升日常化。

表 3　　××银行“二扫五进”外拓营销工作打分纠偏表（　月　日　）

产品及分值	商户建档	吸收存款	开办金燕卡	POS 机营销	手机银行	网上银行	对公账户	贷款营销	代发工资
分值	5 分/户	10 分/万元	10 分/张	20 分/户	15 分/个	15 分/个	25 分/户	25 分/户	10 分/人
详细评分标准	以填写建档表和客户签字为准，带星号部分为必填项，否则不计分	提供办理凭证（凭证复印件），外拓人员申报，网点认可，以实际办理单证为依据	填写凭证，客户签字并附身份证复印件或手机拍照身份证（需身份证正、反面）	申请表、协议、营业执照、银行卡、身份证	填写凭证，客户签字并附身份证复印件或手机拍照身份证（需身份证正、反面）	填写凭证，客户签字并附身份证复印件或手机拍照身份证（需身份证正、反面）	收集客户申请表及相关开户资料（复印件）	收集客户相关信息及资料，填写贷款意向表，身份证正、反面拍照	代发协议，营业执照、代发人员身份证复印件及名单
产品数量									
产品分值									

组别：第　组

本组总得分：

××银行外拓营销评优树先机制和落后者惩罚机制

为了保证培训质量和营销效果，激励先进，××银行拿出20000元奖励基金，进行考核奖励。

名次奖励：外出拓展营销阶段，××银行设置外拓营销先进小组五名，分别奖励5000元、4000元、2500元、1500元、1000元。（贵行根据自己情况设定）

单项奖励：××银行设置外拓营销单项产品进行奖励，分别对组织资金、对公账户、网上银行、手机银行、POS机、贷款业务第一名的小组奖励1000元。

（1）外拓营销产品分值标准

①走访一户	计2分
②每拜访一位商户并建立商户档案	计3分
③组织资金1万元	计10分
④开办1张借记卡	计15分
⑤客户办理1份短信通知业务	计5分
⑥客户办理代发工资业务	每户计30分，每5人计10分
⑦客户办理1个手机银行业务	计10分
⑧客户办理1个网上银行业务	计10分
⑨客户办理1户POS收单业务	计25分
⑩开立1个对公账户	计30分
⑪信贷业务1户	计5分

（2）外拓营销产品详细办理标准

①组织资金由外拓人员申报、网点认可，按实际组织的资金数额计分。

②商户建档，星号部分为必填项，否则不计分。

③第 4 项到第 11 项以建立完整的商户档案、填写申请表、收集客户办理该业务的资料复印件为准（身份证复印件必有），按对应分值计分。

④第 6 项办理代发工资业务，每营销一户计 30 分，另按每 5 人计 10 分。

⑤本次营销所有业务按网点就近原则办理，业绩归属由各组确定。

⑥营销活动必须如实填报，不得弄虚作假，一旦发现，每笔扣除 50 分。

客户管理精细化

所谓“外拓营销”，“拓”的是业绩，更是客户资源。在外拓营销中，能够成交的客户是有限的，大部分拜访都是为了拓宽客户资源而存在。所以，在银行外拓营销的过程管理中，客户管理是非常重要的一项工作。客户管理工作做得越精细，对银行营销工作越有利。

1. 客户建档精细化

不少银行工作人员认为客户建档是一件很简单、很普通的事，只要记录一下客户的联系方式、联系人和地址即可。事实上，只有精细化、数据化、系统化的客户档案对于营销工作才具有指导意义。外拓营销实际上就等于是上门为客户做一次“体检”，把不够全面的客户信息进行完善，并做好备案。

一般来说，银行会在外拓营销之前，针对不同外拓区域的特点，制作不同的客户信息建档表，如 × ×银行外拓营销商户信息建档一览表（如表 4 所示）。外拓营销人员只要根据表格深入挖掘客户信息，力争完善表格中的每一项内容即可。

表4　　　××银行外拓营销商户信息建档一览表

建档时间：　年　月　日

基本信息：　　　　　　　　　　　　　建档人：

经营状况：

★名称	★规模	★负责人	★主要经营	★电话	★地址

★营业收入/月	租金/月	经营面积	从业时间	负债	★结算方式	★其他合作银行

★客户需求（是否有其他业务需求）	★我行产品使用情况	★未使用我行产品原因及客户建议

备注：　　　　　　　　　　　　　　　　　　　　★客户签字：

（1）带★为必填项。

（2）如果贵行有属于自己的建档表，也可以用自己行原有的。

建档信息中难免有一些涉及客户不愿提及的内容，为建档工作带来了一定的压力。遇到这种情况，外拓营销人员一定要牢牢树立“任何一个空白信息都有可能影响营销业绩”的理念，切不可敷衍处理，一定要循循善诱，利用一切办法让客户提供最完善、详细的信息。

此外，信息的真实性同样是银行外拓营销人员在进行客户建档时关注的重点。近些年，个人信息的安全性受到越来越多的关注和质疑，不少人不愿意将自己的真实信息提供给陌生人。但是，虚假的信息必然是无价值的。所以，银行外拓营销人员一定要确保客户建档表上的信息是准确无误的。

首先，在客户填写信息之前，银行外拓营销人员就要从客户的角度强调信息真实的重要性。最好是从具体业务切入，让客户明白，他提供的信息是为了银行为其提供更好的服务，是和其有直接利益关系的。例如：“张总，请您务必提供最真实的信息给我们。因为我们银行办理贷款的时候，会对信息进行进一步核实。”

其次，在客户填写信息之后，银行外拓营销人员可以通过旁敲侧击的方式，初步核实信息的真实程度。但绝对不可以直接问：“张老板，您营业收入一个月真的有 20000 元吗？”这样的方式极容易引起客户的反感，从而影响进一步的合作。

2. 客户分类精细化

客户建档表完成之后，下一步工作就是对客户进行详细的分析、归类、整理、评价。客户分类精细化，不仅能够有效减少营销工作中在客户分析上所花的时间和精力，还有利于进行客户动态管理和重点管理。

对于外拓营销建档客户的分类，首先外拓营销人员可以根据拜访了解的情况以及客户建档表提供的信息，对客户的情况进行初步判断，将其分为一般关注、重点跟进、定期回访、培植发展，为客户管理的后续工作提供初步意见。

在对客户情况进行初步判断时，我们一般采取“抓两头、放中间”的办法。也就是重点关注大客户和最差客户，这样有利于银行产生最大化利润并有效降低风险。对于一些有可能为银行带来较高利润空间的客户，一定要“重点跟进”；对于成长性较高且价值空间大的客户，则要标注为“培植发展”；而对于一些风险性大的客户，如经营状况差、欠账、信誉度下降、面临破产改制等，一定要进行“定期回访”，确保客户档案信息的准确性和时效性，把风险控制在最小范围。至于其他类型的客户档案，则可以归为“一般关注”。

其次，再按照客户对银行的业务需求分为信贷类、存款类、结算类等，便于不同部门快速找到自己的潜在客户，进行后续跟踪服务。如存在业务需求交叉的情况，则根据客户当前或短期内最主要的业务需求进行划分。

3. 客户跟踪精细化

进行客户信息建档的根本目的是营销。如果客户建档表只存在于档案室，那就只能算是一堆废纸，没有任何实际价值。所以，在对客户进行建档、分类之后，才到了客户管理最重要的一个步骤——跟踪服务。

在客户档案分类之后，根据客户价值不同、业务需求不同，分别安排不同的银行工作人员对其进行后续跟踪服务，切实做到：到访客户有人激发、意向客户有人跟进、存量客户有人盘活、优质客户有人深耕。

2015 年中国农业银行开展了“个人贵宾客户营销管理提升年”活动。其中，中国农业银行德州某支行在个人贵宾客户拓展方面取得显著成效。

该支行为了充分掌握个人贵宾客户的信息，完善客户档案，实现银行业务的精准营销，利用外拓营销对个人贵宾客户展开了集中调查。在外拓营销中，该支行工作人员通过实际拜访、系统查询、侧面了解以及柜台收集等方式对辖区内的客户进行全面调研，建立更加健全、完善的客户档案。然后，通过对客户档案进行分析、归类，对不同层级客户实行分层管理。首先，搭建了从网点主任、大堂经理、客户经理到前台柜员的全系统、分层次客户跟踪服务平台，确保为客户提供全方位、精细化、高品质的金融服务。其次，通过对客户的分类管理，识别个人优质客户，对不同级别的个人贵宾客户分别采取逐一建立台账、建立登记簿等形式进行维护管理。最后，针对不同客户的业务需求，分别确定不同的网点管户经理，并通过网上银行、手机银行、微信等网络渠道告知客户管户人员的联系方式等信息。

案例中，中国农业银行德州某支行充分利用外拓营销的优势，不仅完善、更新了客户档案，更是对客户档案实现了全面分类、精细管理，从而实现了银行业务的精准营销，使客户档案的价值最大化。

客户管理精细化是外拓营销活动最好的价值总结，也是银行实现持续营销的最好开端。因此，每一个银行外拓营销人员都应该将"客户管理精细化"作为外拓营销中一项重要的任务去执行。

客户活动常态化

外拓营销除了进门拜访之外，还包括摆摊吸引、单独拜访、邀约宣讲等各种形式的营销活动。这些营销活动，对于银行品牌形象的宣传与塑造、银行产品和服务的宣传与营销都非常重要。因此，银行各级工作人员都应该让此类客户活动深入到日常工作中，实现常态化，在银行内外营造"年年有活动、月月有活动、日日有活动"的营销氛围，持续提升网点人气。

2013年下半年，全国刮起了《爸爸去哪儿》的旋风。无独有偶，2013年某商业银行推出了"妈妈去哪儿"的营销活动。针对家庭中的女性这一重要客户群体，在全国范围内举行了以亲子理财为主题的大型客户营销活动。此次活动遍布全国40个大、中城市，有数十万名家庭女性客户通过直接或间接的方式参与到活动中。

从"女性去哪儿"到"妈妈去哪儿"，从单一产品优惠活动到满足家庭女性客户群体综合性金融需求，该商业银行针对家庭女性客户群体推出的营销活动俨然已经实现常态化。

针对家庭女性客户群体开展常态化的营销活动，不仅使该商业银行有效抓住了细分市场领域的这一主要客户群，更突出了该商业银行在金融领域的品牌个性定位。

离开客户活动的外拓营销就好像缺少一只手臂的侠客，虽然功力还在，但施展起来难免有些力不从心。而站在客户的角度看的话，客户活动则是银行外拓营销中最能够体现其“以客户为中心”的服务理念的。因此，能够使外拓营销效果最大化的，非“客户活动常态化”莫属。那么，如何才能使年年、月月、日日都有的常态化的客户活动具有持续的吸引力？我们必须把握好以下几个方面的工作。

1. 活动主题多样化

银行开展各类客户活动的目的无非是宣传品牌、销售产品。所以，无论看似多么优惠、给客户带来多大好处的客户活动，最终埋单者一定也只能是客户。那么，在这种情况下，如何才能让客户持续不断地相信银行客户活动真的是“为客户着想”？

答案很简单：一个绝对合理的理由——也就是每次客户活动的主题。设置多样化的客户活动主题，让每次活动都有不同的“借口”吸引客户前来参加，是实现“客户活动常态化”的第一步。

借口一：节假日。

一般来说，节假日活动是最好也是最容易找的“借口”。如春节、元旦、圣诞节、情人节等。在当前每个节日都被商家活动填充得密不透风的时代，节假日虽然不是营销活动能够收到最大效果的时间点，但却是必须做活动的时间点。尤其是对于老客户来说，满怀期待地登门却发现没有任何活动，无疑会大失所望。所以，银行绝对不可以错过以节假日为“借口”做客户活动的任何一次机会。

借口二：客户的重要事件。

最好的营销借口一定在客户身上。因此，对于发生在老客户、新客户、潜在客户身上的一切重要事件、关键时间点，都可以作为银行客户活动的“借口”。如开学、毕业、旅行、恋爱、分手、新婚、结婚周年、新生、求职、升职等。这些人生的关键节点，都不会只有一个人在经历，却能够使许多人感同身受。所以，以这些重要事件为“借口”开展的客户活动往往更容易走进客户心中，产生更好、更深远的品牌影响力。

借口三：热门事件。

在移动互联网时代，任何一个微小的事件都有可能因为大家的关注瞬间成为“热门”。银行工作人员必须有敏锐的嗅觉，在“热门事件”发生时，就立即联想到银行的品牌、产品和服务，寻找最佳契合点，策划一场借力“热门事件”的客户活动。如刚火起来的电影、新发生的热点新闻等。这样的借口往往能够为银行的客户活动吸引足够的人气。

借口四：其他合理的理由。

正所谓“欲办活动，何患无辞”。除了以上三个“借口”之外，只要银行工作人员愿意并且用心，一定还可以找到更多看似绝对合理的“借口”来策划一场别开生面的客户活动。如历史上的今日、银行参与的公益事件等。

2. 活动形式创新化

所谓“活动形式”，指的是活动中所采取的手段，也就是活动参与者在活动中所获得的直接体验。对于客户来说，如果在参与银行组织的客户活动时，无法获得良好的体验，那么，无论下一次的活动主题多么合理、有趣，都难以让他们说服自己再次“百忙之中抽空”去尝试。所以，在每一个合理的活动主题之后，必须有创新的活动形式做支撑，才能使常态化的客户活动拥有持续生命力。

创新手法一：添加法。

添加法就是在已有的活动形式中添加新的内容。例如，“小小银行家”亲子体验活动中，在原有的大手拉小手常规游戏中，加入小朋友扮演银行工作人员，家长扮演客户的环节，这样不仅可以增强小朋友和家长对银行产品和服务的深入了解，还很有新意、很有意义。

当然添加法绝对不是随心而欲地添加，而是要根据每次活动主题的不同、活动参与对象的不同、活动目的的不同等信息，抽丝剥茧，寻找最好的创意点。

创新手法二：剥离法。

剥离法的意思是将已有的较为成功的营销活动中某个局部剥离出来单独开展活动。例如，某商业银行从其“女性去哪儿”的活动中，剥离出“妈妈”这个群体，组建新的客户队伍，根据“妈妈”的热点设计新的活动，称为“妈妈去哪儿”。

对于剥离法来说，最好是剥离出一个具有自身特色的客户群体，而不仅仅是局部的活动形式。毕竟，再有意思的活动，玩久了也会让客户感到腻烦。

创新手法三：替换法。

替换法是指将其他企业已经操作成功的营销活动替换为适合自身特点的活动。例如，将流行的电视节目《爸爸去哪儿》替换为适合银行特点且抓住女性目标客户的“女性去哪儿”“妈妈去哪儿”活动。

替换法一般来说比较容易，只需多多关注当下比较热门的营销活动，寻找最适合银行业操作的活动做简单的替换即可。但是，创新性也会因此稍差一些。

创新手法四：嫁接法。

嫁接法指的是将两种或多种看似不相干的活动组合起来，实际上就是一种借力。例如，邮储银行某支行举办的“健康九江·幸福家”活动，将看似和银行业无关的“健康、家庭、感恩”的话题和银行“客户体验”联系在一起，使客户在参与活动的时候，体验到该支行对客户的感恩之心。

一般来说，嫁接法在使用时，都会借助其他行业或组织的力量，联合举办活动。在创新活动形式、提升银行品牌影响力、销售银行产品的同时，也可以挖掘其他行业或组织的客户资源，可谓一举多得。

多样化的活动主题、创新化的活动形式，是实现客户活动常态化最重要的两个关键环节。只有这两点做好了，才能有效提高银行客户的黏性，使客户活动实现较高的人气和销量。除此之外，银行内部工作人员还要有常态化的活动管理机制，同时提升全员参与的意识，只有这样，才能使常态化的客户活动保持绝对的优势和持久的生命力。

成交转化持续化

成交转化率是影响销售的重要因素，是网点运营的基础，只有在网点内部优化完善好，转化率较高的情况下，引进流量才能增大销售额。而要想实现成交转化持续化，银行工作人员必须做好以下几项工作。

1. 激发网点活力，增加访问深度

在互联网金融时代，银行网点是最有力的竞争武器。提升银行网点管理，推动网点经营管理理念、业务运作模式和各类产品服务的转型，激发网点经营的活力，不仅有利于提升客户体验，增强网点的综合竞争力，更有利于增加客户的访问深度，提升成交的可能性。

首先，打造特色化网点。

在竞争力越来越激烈的市场环境中，特色是每一个组织生存的有效手段。对于每一个银行网点来说，对外要和其他品牌银行以及互联网金融企业竞争，对内要和同品牌银行网点、网上银行竞争，可谓是生存环境无比险恶。在这种情况下，特色化是银行网点的必行之路。

银行网点可以根据网点的地理区域特点和独特资源，明确网点的职能定位，因地制宜、因资源制宜地实施特色化经营。同时，根据自身的

特色定位，实施网点硬件设施的改造，完善网点的功能分区。比如，处在工业园区的银行网点，借助自身的区域优势，定位于服务园区企业，强化“对公业务”的服务特色和优势。那么，在网点的功能分区上，就不能像传统银行将“对私业务”区布置在主要位置，而应该适当增加“对公业务”的窗口和服务区域，同时增加有利于开展“对公业务”的硬件设施等。

其次，激发网点工作人员的活力，并强化工作人员的营销能力。

工作人员的活力体现在其工作中的精神状态和主动服务上，工作人员的活力越高，服务的质量也就越高。比如，当客户走进网点，具有活力的工作人员会带着热情主动提供服务，而不具有活力的工作人员只会等待客户提出要求才提供服务。这种差别不仅会影响到客户的体验，更会影响到客户访问的深度。对于银行客户来说，极少有人会主动探寻自己不了解的金融产品和服务。

除了主动服务之外，工作人员的营销能力也是增加客户访问深度的主要因素之一。对银行业务了解全面且营销技巧熟练的工作人员，往往能够快速判断客户需求，并不断引导客户对银行的产品和服务做更深入的了解。

只有实现客户对银行网点做深度访问，了解更多的产品和服务，银行工作人员才有机会挖掘其潜在金融需求，实现成交。

2. 创新产品，增加购买率

所谓创新产品，就是推出别的金融机构没有的、独一无二的、具有绝对优势的产品和服务。在这种情况下，客户一旦心动或有需求，就只能选择该网点成交，因为别无选择。

2015 年，中国民生银行针对不同消费者的个性化需求，创新推出了四款产品，有效提升了其在消费信贷业务领域的成交率。

一是消贷自助支付，即“贷款额度 + 借记卡 + 多渠道自助放款”模式。具体形式为消费者在申请贷款额度时，同时签约“消贷自助支付”功能，就可以将贷款额度与放款的借记卡进行绑定，然后在客户持卡交易的时候就能实现联动触发单笔贷款的发放。

二是消贷自动化，即“互联网平台申请 + 数据模型分析 + 多渠道自助支用”业务模式。民生银行实现了在网上银行、手机银行、第三方合作平台、自助机具、门户网站等建立“消费贷款申请专区”，客户可以任一平台申请消费贷款，突破了线下网点和营业时间的限制。

三是小区宝消费贷款移动受理平台，即借助移动互联网技术，以智能终端为平台，结合小区金融服务，为社区客户提供消费贷款申请、实时授信额度评分等业务服务。

四是消费微贷产品创新，即基于个人所得税、社保缴费、公积金缴存、电话费、银联交易数据、日常水电缴费等大数据信息，研发了个人消费信贷申请、审批流程及相关产品。

（案例来源：光明网经济频道）

中国民生银行创新推出的四大产品，不仅具有自身特色，更实现了客户操作方便、快捷，对实现客户购买率的提升大有帮助。

所以，要想真正实现购买率的提升，银行在进行产品创新时，要在“以客户为中心”的基础上，推出具有绝对独特性的产品。

3. 做好客户投诉管理，增加回访率

完善的客户关系维护工作，不仅能够提升客户满意度、增加客户回访率，更能够提升客户忠诚度、实现口碑营销。在客户关系维护工作中，最重要的工作当属妥善处理客户投诉。

作为服务行业，客户投诉管理是整个服务提升环节最敏感也是最关键的一点。没有人喜欢被投诉，但从某种意义上来说，挑剔的客户才是真正的潜在客户。因为不想成交的客户往往不会过多关注产品和服务是否存在问题。所以，对于客户投诉处理得当，往往能够把投诉转化为成交，把抱怨客户转化为忠诚客户。

要想做好客户投诉管理，银行工作人员要从三个方面努力：

一是接受投诉。对于服务行业来说，不存在100%满意的客户。所以，接受投诉本身就是银行工作的一部分。对于客户的投诉，每一个银行工作人员都要抱着一颗平和的心去面对。只有在心态上真正接受客户投诉，才能心平气和地寻找原因，从而找到解决的方法。

二是处理投诉。无论客户投诉的理由是什么，投诉本身都带着一种负面情绪。所以，在处理投诉时，首先必须对这种负面情绪进行隔离，以免影响到其他客户。在对投诉客户进行隔离之后，要仔细询问、倾听客户投诉的理由。在这个环节中，无论客户的理由多么不合理，都要耐心倾听，绝对不反驳，让客户的负面情绪得到彻底的释放。其次，在倾听客户投诉的过程中，银行工作人员要换位思考，对其投诉的根源进行推敲判断，抓住核心问题进行解决处理，从而平息客户的抱怨情绪。最后，对客户投诉种类以及应对策略进行分类总结，并组织银行工作人员进行学习和演练，有效避免同类投诉的再次发生。

三是跟踪回访。对客户进行跟踪回访是提升客户体验的有效手段。在银行工作中，不仅要对成交客户进行跟踪回访，更要对投诉客户进行跟踪回访。在客户投诉得到妥善解决之后，银行工作人员应及时进行事后跟踪回访，确保客户对投诉处理是否满意，不仅能够巩固投诉处理的效果，更能够提升客户对银行的整体印象，从而实现客户忠诚度和回访率的转化。

如果说，外拓营销是“走出去，把客户请进来”，那么，成交转化率的实现就是抓住每一个“请进来的客户”实现成交。通过对客户访问深度、购买率和回访率的全面增加，从而实现成交转化的持续化。在具体工作中，可以使用“二扫五进”外拓营销落实情况跟进表（如表 5 所示）对外拓营销的落实情况进行记录。

表 5　“二扫五进”外拓营销落实情况跟进表

组别	建档客户落实情况（份）			卡营销落实情况		短信营销落实情况	工资代发落实情况			手机银行营销落实情况		网上银行营销落实情况		ETC营销落实情况		POS营销落实情况		对公开户落实情况		信贷业务落实情况	
	外拓数	回访户数	建立业务关系户数	外拓数	已开卡数	外拓数	已开通数	外拓情况	落实情况	外拓数	已开办数	外拓数	已开办数	外拓数	已开办数	外拓数	已开办数	外拓数	已开办数	外拓数	已开办数
第一组																					
第二组																					
第三组																					
第四组																					
第五组																					

| 第五章 |
方案策划：银行外拓营销“七要素”

完善的营销方案可以确保一场营销活动有序进行，并实现营销目标的蓝本。对于外拓营销来说，往往涉及银行多个部门及岗位。在这种情况下，一个包含鲜明的目的、明确的目标、可操作的方法、有序的人员与组织、详细的时间进程、具体的地点、可控的资金投入预算、有效的预案、有针对性的风险防控以及完善的调控十个要素的营销方案，必然是外拓营销成功的必备条件。

目的：为什么要做

所谓目的，就是指我们做一件事的原因。对于外拓营销来说，目的无非是售，售银行的品牌、产品和服务。但是，作为营销活动，外拓营销绝不仅仅是推销那么简单。

著名管理学家彼得·德鲁克曾经指出：“可以设想，某些推销工作总是需要的，然而营销的目的就是要使推销成为多余。营销的目的在于深刻地认识和了解顾客，从而使产品或服务完全地适合他的需要而形成产品自我销售。理想的营销会产生一个已经准备来购买的顾客，剩下的事就是如何便于顾客得到产品或服务……”

德鲁克这段话，解答了外拓营销的真正目的——深入挖掘客户需求，并有针对性地推荐和介绍银行产品和服务，从而实现产品和服务的自我销售。只有当每一个外拓营销人员都明确了这个目的，才能使外拓营销脱离肤浅的“推销”，从了解客户需求、为客户提供真正需要的产品和服务的角度来进行外拓营销。

基于这一目的，我们在外拓营销的准备工作中，要做好市场规模调研以及市场细分工作；在外拓营销进行中，要做好客户信息建档工作；在外拓营销结束之后，要对客户需求进行深入分析，做好产品和服务的创新工作。

在这一根本目的之下，为了有效提升外拓营销的效果，我们还要挖掘每一次外拓营销活动的具体目的，使每一次外拓营销的工作都有不同的侧重点。一般来说，营销活动的具体目的有以下三类。

1. 新产品和服务的推广

新产品和服务的推广是许多银行外拓营销活动最重要的目的之一。在激烈的市场竞争中，不断创新产品和服务，是各银行立于不败之地的有效对策。而银行经过大量的投入和研究，终于推出了新的产品和服务，如果没有进行有效的营销推广，必然错失快速占领市场的良机。

中国工商银行某支行结合自身实际，针对该行新推出的工银融 e 联、融 e 行、薪金卡及信用卡业务，开展了上门拓展营销服务。

在外拓营销中，该行外拓营销人员以新业务的宣传推广为主，通过热情耐心的讲解，使客户对新产品和服务有了初步的了解。同时，外拓营销人员通过现场体验，使客户对新产品和服务产生了浓厚的兴趣和需求。该行在外拓营销中提供的热情周到的服务得到了客户的广泛好评，不仅实现了新产品和服务的宣传推广，增加了新产品和业务的销量，还提升了该行在客户心中的满意度。

案例中的中国工商银行某支行充分利用外拓营销的优势，实现了新产品和服务的有效推广。

作为服务行业，银行新产品和服务成功推广的核心在于让更多的客户在较短的时间内，真实体验到新产品和服务。因此，相对于各类广告宣传等传统营销推广的手段来说，外拓营销活动无疑是提升新产品和服务体验的最佳推广手段。

2. 提升品牌形象

在产品同质化越来越严重的市场环境中，良好的品牌形象是银行发展的根基。在过去，要想“建立品牌”，只需花费足够的金钱打广告即可。但是，在信息越来越透明化的时代，靠狂轰滥炸的广告或许可以堆起来一个“品牌”，但不足以建立具体的、长久的、良好的品牌形象。只有在广告堆起来的“品牌外壳”内填充具体的内容，使品牌具有真实的触感体验，才能够从根本上提升品牌形象。而主题多样、形式创新的外拓营销活动，无疑是银行丰富和充实品牌性格的最佳途径。

3. 客户开发和维护

对于银行业来说，客户是生存的根源。从“坐商”转变为“行商”，通过扫街式的外拓营销活动实现客户开发和维护，是银行开展外拓营销的重要目的之一。

某农商银行为了开发新客户、维护老客户，组织开展了一次大规模的外拓“扫街”营销活动。此次外拓营销活动由该行业务管理部组织，联合附近 36 家网点近 360 名银行一线柜员以及客户经理参加。

在活动期间，为了实现客户开发和维护的目的，全体外拓营销人员不辞辛苦，积极进企业、走社区、串街道、入村庄、访机关，广泛宣传该行业务的同时，积极解答新老客户的各种疑问，赢得了广大客户的信任和赞誉。为期一周的外拓营销活动结束之后，该行共吸收存款3900余万元，办理贷款1800余万元，开发网上银行及手机银行新客户500余户，建立潜在客户档案2000余份。

该农商银行在外拓营销中，虽然将客户开发和维护作为主要目的，但同时也实现了业务拓展和推广、银行品牌形象的塑造与提升等目的。

所以，对于银行外拓营销来说，不存在单一的目的，只存在主要目的和次要目的。对于外拓营销策划人员来说，只有明确了每次外拓营销的主要目的，才能有针对性地确定目标和方法，从而使外拓营销的效果最大化。

目标：要做成什么样子

目标是营销方案的核心部分，对营销策略和行动方针具有指导作用。从某种意义上来说，营销目标可以说是营销目的的升华。和营销目的不同的是，营销目标要更加具体，最好是用数据体现。

美国潜能大师伯恩·崔西说：“成功就等于目标，其他的一切都是这句话的注解。”所以，一份优秀的、具有实操性和指导意义的营销方案，一定有明确的营销目标。在对外拓营销的目标设定中，可以采用SMART原理。

1. S（Specific）：具体的

所谓具体的，就是要用具体的语言清晰、准确地说明“要做成什么样子”。具体的目标几乎是所有营销活动成功的必要条件。很多营销活动失败的重要原因之一就是目标设定得过于模糊，或者在表述上没有将目标进行有效的传达。

比如，某银行将外拓营销的目标设定为“提升产品销量”。这种对目标的描述就不够具体。一方面银行有许多款产品，到底提升哪款产品的销量？另一方面，在产品销量的提升方面，多成交 1 单也是提升，多成交 100 单也是提升，到底要将产品销量提升到何种程度？所以，在外拓营销的方案中，绝对不可以出现这种不够具体的目标描述。

2. M（Measurable）：可测量

所谓目标的可测量，就是指有明确的数据，作为衡量目标是否达成的依据。如果营销方案中所设定的目标没有办法测量，在外拓营销活动结束时，就无法判断目标是否实现。

比如，某银行的外拓营销方案中，对目标的描述为“开发新客户”。这种描述就不具备可测量性，银行管理者问外拓营销人员：“开发新客户了吗？”银行外拓营销人员回答：“开发了。”实际上，银行外拓营销人员只是对两个目标客户进行了陌生拜访，但并没有使其成为银行的潜在客户。但是，在营销方案的目标描述中，并不能断定该银行外拓营销人员没有达成目标。相反，如果将该目标描述改成“开发潜在新客户 30 个”，就很容易判断目标最终是否达成。

但是，从数据化这一点上来说，有的营销目标很容易设定数据，如销售岗位，达成多少就是多少，没达成就是没达成，很容易判断。而有的营销目标就不太好量化，比如提供良好的客户体验。客户体验就很难做到可测量，怎么办？

在目标可测量方面，要遵循“能量化的量化，不能量化的质化”这一原则。“提供良好的客户体验”无法量化，那就质化。采取如始终保持微笑、耐心倾听客户需求、不与客户发生争执等能够体现在具体言行上的可测量表述。

目标的可测量性要求在对目标设置中坚决不能使用形容词，如良好的、优秀的、完善的等概念模糊、无法衡量的描述。

3. A（Achievable）：可实现

目标的可实现表现为目标被执行者所接受。很多外拓营销的策划人员，在制定营销目标时，不与外拓营销执行人员沟通，根据自己的想法单方面制定目标，然后再利用权力等手段，把自己所制定的营销目标强加给外拓营销人员，导致外拓营销人员对目标产生质疑和抗拒。如此一来，不仅影响目标的实现，还会使目标执行者在目标没有实现时，利用各种理由推卸责任，如“我本来就不可能完成这样的目标，是你坚持要我去做的。现在实现不了，根本不怨我”。

某银行的一线柜员小张性格内向、木讷，不喜欢也不善于主动与人沟通，且不具备营销技巧。在第一次参与该行的外拓营销活动时，在为期3天的“扫街”行动中，小张共达成了10户陌生拜访，仅吸纳1笔2万元的存款。

在该行组织的第二次外拓营销活动中，小张的领导认为小张在第一次外拓营销活动中拖了整个团队的后腿，必须提高目标。因此，他对小张这次外拓营销的目标要求为：3天的外拓营销，实现陌生拜访50户，至少吸纳20笔共计200万元以上的存款。小张默默算了一笔账：如果要实现领导为自己设置的目标，她每天至少要拜访17户客户，吸纳存款70万元。这对于之前3天才完成10户陌生拜访，吸纳2万元存款的小张来说，无异于“上天摘星星”。

由于心理压力过大，原本就不善于与人沟通的小张更加迈不出腿、张不开嘴。后来，经过了解，笔者找到小张的领导，和小张一起商量修改目标。经过一番讨论，我们一致同意将本次外拓营销中，小张的营销目标调整为：实现陌生拜访20户，吸纳存款20万元，签约ETC客户3个。小张认为，这个目标是她跳一跳可以够得着的。所以，在目标调整之后，她也调整了自己的工作情绪，积极主动地为实现目标而努力。

小张在面对领导强压给她的自己根本无法实现的目标面前，彻底丧失了信心，也失去了工作积极性。而对于自己认为可以实现的目标，则充满了斗志，这样的目标对其工作态度具有积极推动的作用。

因此，要做到目标的可实现，在设定目标之时就要坚持全员参与、上下左右沟通的原则，确保所设定的外拓营销目标在组织和个人之间达成一致。目标既不能过低，影响外拓营销的整体效果以及外拓营销人员的工作热情，又不能过高，导致外拓营销人员无法达成。

4. R（Relevant）：相关联

营销目标的相关联性是指实现这个目标的同时是否也有利于其他目标的实现。一般来说，目标的相关联性越大，目标实现的意义也就越大。比如，某商业银行外拓营销的目标设定为：通过摆摊宣讲、发放宣传折页、赠送礼品等形式，实现电子银行新注册客户500人。该行在实现这一目标的过程中，同时树立了该商业银行的良好社会形象，用认真的态度、持久的耐心和满意的服务赢得了新老客户的肯定与赞赏，从而实现了客户的开发与维护。

5. T（Time bound）：时限性

营销目标的时限性是指目标的达成必须有时间限制。一般来说，银行外拓营销都会限定在3~5天的外拓活动中实现某种目标。如果没有时间限制，目标是否达成就没有办法考核，或者使考核不公。比如，同样是开发

10 个新客户，有的外拓营销人员利用 3 天完成，有的外拓营销人员利用 30 天完成。如果没有明确的时间限制，就不能说谁完成了目标，谁没有完成目标。

总之，对于任何一场外拓营销来说，一个具体的、可测量的、可实现的、具有相关性的和明确时间限制的目标，不仅有利于外拓执行人员的具体执行，还有利于外拓监督人员的考核。所以，在设定外拓营销目标时，以上五个原则，缺一不可。

方法：怎么做好

有了明确、具体的营销目标，接下来要考虑的就是怎么做才能实现目标，这也是一份出色的营销方案中的核心部分。由于活动主题、目的、目标的不同，在外拓营销中所采取的方法也不尽相同。

案例 1：

某农商银行外拓营销业务洽谈会在该县某酒店举行。本次外拓营销活动邀请了各镇政府工作人员、该农商银行工作人员及客户代表共 266 人参加。业务洽谈会当天，共有 215 名客户代表到场参加活动。洽谈会结束后，经统计，现场共签订合作协议书 180 份、营销 POS 机 5 台、预约手机银行 132 户、ETC 客户 50 户，共约定存款 4800 万元。

案例 2：

邮储银行某支行开展了为期 5 天的“二扫五进”宣传业务活动。在这次活动中，该支行工作人员以“扫街道、扫商铺、进社区、进家庭、进街道、进学校、进商铺”为主要形式，三人一组，身披绶带，以全新的银行工作人员形象走出柜台，宣传邮储银行的新产品和优质服务，获得了新老客户的一致好评。本次外拓营销活动一方面宣传了邮储银行的优势业务，另一方面也加大了邮储银行的品牌形象宣传，为潜在客户的发掘奠定了基础。

在以上两个案例中，虽然同样是外拓营销活动，但由于营销目标不同，出现了不同的营销方法。在案例 1 中，某农商银行开展外拓营销活动的主要目标是销售该行的产品和服务，所以采取了集中的“业务洽谈会”形式，邀请到场的人员也是以该行的目标客户为主。所以，最终实现了非常好的销售业绩。而在案例 2 中，邮储银行某支行开展外拓营销活动的主要目的是宣传，所以采取了“扫街拜访”的活动形式。

虽然在外拓营销策划中，不乏新鲜的创意，产生一些更有趣、有效果的活动形式，但总结起来，不外乎以下四种基本形式：扫街拜访、社区摆摊、单独拜访、邀约宣讲。其余的创新几乎都是从这四种基本形式中变化而来的。所以，对于外拓营销策划人员来说，在撰写营销方案时，心中必须清楚了解这四种基本活动形式的内容、优势以及劣势，最重要的是在什么情况下用哪种形式更好。

1. 扫街拜访

扫街拜访是指与顾客无预约，直接沿街挨家挨户进行的陌生拜访。这也是银行外拓营销常用的一种方法。有人曾怀疑这种营销方法是否真的有助于销售业绩的提升，甚至有些人认为这种做法会有损企业的品牌形象。对于银行业来说，长期以来，更是对这种方法嗤之以鼻。

但是，当银行工作人员从柜台后走出来，来到街上，不停地敲开一扇又一扇陌生的门，和一位又一位陌生的人介绍自己、介绍银行、介绍产品和服务的时候，他们首先要克服害怕被拒绝的压力，其次要不断总结经验寻找不被拒绝的窍门，最后还要想尽各种办法进行产品和服务的销售。经过不断的坚持，这些曾经在柜台后养尊处优的银行工作人员，开始逐渐明白什么是战胜自我，什么是真正的销售技巧。

曾有一个银行工作人员在“朋友圈”这样分享她在外拓营销的收获：此次的外拓营销活动对我来说是一段震撼心灵的历程，是对自我心灵的磨炼。它使我重新认识和体验到了团队精神的力量，也激发了我个人的潜能，同时增强了自我挑战的勇气和信心！

还有一位银行工作人员在微信群中这样分享：走出去才知道客户对我们行的真实评价，也更真切地了解到他们的需求，这样才能更好地做好优质服务。

这些来自银行外拓营销人员自身真实的收获与感悟，就是“扫街拜访”的成果，也是“扫街拜访”的优势。但同时，“扫街拜访”也会存在非常耗费时间、精力、销售成果不够显著等劣势。所以，对于以“销量”为第一目标的外拓营销，不宜选择这种营销方法。而那些以宣传、挖掘客户需求、积累潜在客户等为首要目标的外拓营销活动，则可以采用这种“广泛撒网”式的方法。

2. 社区摆摊

社区摆摊是指将产品的销售终端搬到社区里面进行展销。这种摆摊销售的外拓营销方法，一般都选择在人多、场地宽敞的社区内进行。对于商家来说，在社区摆摊销售主要有两个目的：一是直接销售产品；二是展示品牌和新产品形象，在社区内培养潜在客户。

但是，由于社区营销环节较为复杂，需要投入大量的人力、物力，所以，这种方法不太适合市场已经成熟的产品。一般到社区摆摊都是针对一些新品牌、新产品进行的。相对于银行网点静候客户上门的销售特点来说，社区摆摊无疑是宣传、销售新产品的较好方法。

到银行网点办理业务的客户一定是“有事”才来的。在这种情况下，很难获得向客户推荐新产品的良机。即使偶尔抓住几个比较闲的客户，宣传效果也较为有限，销售情况更是不容乐观。而银行主动进社区摆摊，重点宣传某款产品所带来的效果就会完全不同。在和社区居民进行深入互动之后，银行能够更加直接地了解居民对金融产品的需求，以及新产品自身和服务方面销售的重点和难点。最重要的是，社区摆摊的方法，对于培养新的客户群非常有利。

社区摆摊一般要根据社区活动的大小和目标划分不同的模块，然后再针对不同的模块配备一定的人员。一般来说，社区摆摊分为展示区、销售区、礼品区和游戏区等。

邀约宣讲首先必须有一个主讲人，这个人不仅影响到品牌、产品的宣传是否到位，还影响到宣讲会现场的氛围，所以主讲人的选择非常重要。其次，还需要1～2个负责现场签到的工作人员。最后，再安排人数不等的销售人员即可。

虽然社区摆摊的优势很明显，但每天不同的商家轮番上演“摆摊”戏码，也难免会使社区居民产生免疫。所以，银行外拓营销在使用社区摆摊的方法进行营销时，必须结合新颖、有趣的活动来吸引人气，进而提升营销效果。

3. 单独拜访

单独拜访一般是指拜访有针对性的、提前预约好的客户。一般来说，单独拜访的客户一定是大客户，可以是较为熟悉的老客户，也可以是不太熟悉的新客户。对于老客户，拜访的重点是维护客户关系、推介新产品等；对于新客户，拜访的重点则是挖掘金融需求、推介合适的产品和服务。相对于“扫街拜访”，单独拜访的销售成功率要高很多，但效率比较低，可能一天只能完成一个单独拜访，为了有效提升拜访效率，银行外拓营销人员在进行单独拜访时，要注意以下四点：

（1）一定要提前预约。无论是单独拜访老客户还是新客户，都必须提前预约。因为每一个大客户的时间和工作安排都会比较紧张，预约是礼貌，更是确保自己拜访成功的第一步。在对客户进行预约时，如果是老客户，就可以直接电话预约；如果是新客户，即使手中已经拿到了对方的电话号码，也最好找一个中间人进行“转介绍”，以提高预约成功率。

（2）明确拜访的目的。没有目的的拜访是对客户和自己时间的浪费。所以，对于每个单独拜访，银行外拓营销人员都要明确拜访目的，最好在预约的时候就向客户说明，为拜访时的沟通做好铺垫。

（3）注意拜访的技巧。拜访技巧是拜访成功的关键。首先，在拜访前，银行外拓营销人员要做好充分的准备，包括销售工具、要说的话、要做的事等。其次，要想更顺利地达成目的，银行外拓营销人员最好带着“实惠”敲门。无论是一个用心的小礼品，还是关系到客户切身利益的小优惠，都能为你的谈判带来意想不到的效果。

（4）单独拜访不需要过多外拓营销人员的参与，以三个人搭档为最佳组合。其中，一个人负责主谈，两个人辅助谈判即可。只有一个人显得势单力薄，人数过多又会造成人多口杂，影响客户的判断。

4. 邀约宣讲

宣讲会是指企事业单位在公开场合开展的集中宣传、拓展和销售有关的主题会议。宣讲会一般都需要提前邀约，所以企业和客户之间更容易建立信任感。而宣讲会的专业讲解、特有的氛围，也有利于激发客户的需求，提高现场签单率。对于银行这种专业性较强、客户特点鲜明的企业来说，组织一场有针对性的宣传会，不仅可以大幅提升销量，还有利于银行品牌形象的塑造。

宣讲会的签单率不仅取决于会议的过程，更取决于前期邀约。所以，银行外拓营销人员如何采用这种方法进行营销，一定要掌握必要的邀约技巧：

（1）筛选邀约客户。为了确保宣讲会的签单率，在邀约之前，一定要对存量客户进行筛选。一般来说，要邀约有购买意向的客户、有相关需求的准客户等。

（2）准确邀约客户。确定邀约的客户名单之后，为了确保每一个目标客户都能够收到邀约，要多种邀约形式结合使用。首先要进行电话邀约，对于已经接到电话并确定参加宣讲会的客户，再发送邀约短信，说明时间、地点。对于没有接到邀约电话的客户，要安排外拓营销人员上门送请帖，并在宣讲会当天早上发送短信提醒。

把想请的客户请到宣讲会的现场，只是宣讲会成功的第一步。接下来，宣讲会的内容、现场人员的服务等细节，都将影响到现场的签单率。对于这些内容，营销策划人员要根据实际情况进行灵活安排，在此不做过多介绍。

一般来说，银行组织的任何一次外拓营销活动，都不会只有单一的目标。所以，在具体的营销方法选择上，也不会只选择某一种。这就需要营销策划人员根据主要目标和次要目标，以及外拓营销时间、地点的不同，有侧重点地进行不同营销方法的组合使用。

人员与组织：由谁负责做

任何营销活动成功的关键都离不开执行人，外拓营销同样如此。由于外拓营销的形式、方法不同，人员与组织也会存在不同。

1. 人员分工

作为服务行业，无论外拓营销的效果多好，银行都必须首先保证网点的正常营业。所以，在外拓营销人员的安排上，银行首先要确保网点留有足够的工作人员为上门的客户提供服务。

其次，针对挑选出来的外拓营销人员，进行集中培训。一方面，转变思维，帮助习惯“坐”的银行工作人员树立“走出去”的积极营销思维；另一方面，提升银行外拓营销人员的业务能力，包括拜访技巧、销售技巧、产品知识，等等。

最后，根据外拓营销的形式和内容进行分工安排。扫街拜访一般是3～4人为一组。拜访中的分工是：一个人负责主谈，一个人登记信息表，一个人负责拿礼品拍照，一个人则是观察学习。每拜访完一个客户，就要进行一次角色轮换，确保在整个外拓营销活动进行中，每个人主谈的客户不低于6个。同时，每拜访完一个客户，其余2人或3人要对主谈人的谈判内容、技巧等进行点评建议，总结经验、需要提升点。

根据外拓营销的形式进行初步分工之后，还要根据营销产品的不同，结合员工岗位、区域特点进行分工调整，确保让最合适的人做最合适的事。

2. 预热演练

和银行网点一对一的服务模式不同的是，银行外拓营销需要团队配合。无论是哪种外拓营销形式，都必须通过2个人以上的团队共同执行。在每一次外拓营销中，临时组建起来的小团队成员之间有可能是朝夕相处的同事，也有可能是同银行不同网点、同网点不同部门的陌生同事。所以，在真正进入外拓营销实战之前，各小组都要提前进行预热演练，确保在外拓营销中能够合作默契。

在一次邮储银行某支行外拓营销的培训课堂上，由对公业务经理小张、柜员小李以及信贷员小王组建的“扫街拜访”3人小组进行了预热演练。他们邀请同事小郑扮演自己的目标客户，对公业务经理小张为主谈，柜员小李负责拿礼品、拍照，信贷员小王负责客户信息登记。

小张：“您好！我是邮储银行客户经理，我们在做一个上门服务的活动。这是我们的小礼品，请问您是否有贷款需求？”

小李同时递上礼品。

小郑：“你们好！我最近要开一家分店，资金有些紧张，的确需要贷款。但是，听说你们邮储银行贷款非常麻烦！”

小王将客户即将开分店有贷款需求的信息立刻记录下来。

小张：“我们邮储银行贷款手续非常简单，像您有自己的门店，只需要提供营业执照和夫妻双方的身份证、户口本，再找至少两个担保人即可。担保人可以是商户也可以是事业单位的工作人员。”

小李同时递上贷款需要各类表格。

小郑：“邮储银行贷款额度低，利率高，还款还要按月还，还没用钱就开始还款了，不划算。”

小张：“邮储银行的小额贷款刚开始确实有人反映额度低，利率高，期限短。但是随着邮储银行的发展，推出了多种贷款，像个人商务贷款和小额抵押贷款。另外，小额贷款也有所改进，担保人可以用农户和商户进行担保，大大扩大了担保人的范围。而且还有免息政策，期限上还延长了宽限期，最长可达十个月，能够满足客户需求了。郑老板，您看我们邮储银行这么多贷款产品，总有一种适合您。”

小郑：“我作为你们行的老客户，在你们那儿都贷了好几回了，你们说的利率有优惠，到现在怎么还没有优惠呢？”

小张：“听到您说在我们行贷了那么多次款，对我们那么信任，我心里无比高兴，正是有像您这样千千万万的忠诚客户，邮储银行才会有如此大的进步和发展。您说的利率优惠我已经记录下来，我会把这个问题反映给我们的领导，会在三天内给您答复。另外，我们行和政府合作的贷款贴息，您抽空找我给你拿一些资料填一下，如果条件符合还可以给你贴息，帮你省一部分资金成本。不管怎样还是谢谢您的支持与信任。”

在上述演练案例中，“扫街拜访”小组不仅做好了角色分工，还在执行中各尽其责，通力合作。在面对客户的多番刁难时，主谈人员小张能够谨记谈判技巧和话术，巧妙化解异议。

外拓营销说起来非常简单，但真要那些每天只在银行网点内部转圈的工作人员披上绶带走出去，主动和不同的人进行产品推介，往往困难重重。预热演练不仅有助于化解外拓营销人员心中的压力，还有利于他们预估可能会遇到的各种问题，提前做好应对准备，最重要的是，有利于团队内部的磨合，为外拓实战中的合作打好基础。

完善的人员分工与组织，能够有效避免外拓营销中发生意外情况。同时，还能够让每一个外拓营销人员都发挥出自己的优势，促成外拓营销团队配置最优化，保证外拓营销的效果最大化。

时间进程：时间节点及结果呈现

时间进程安排是外拓营销进度控制和效果评估的重要手段。在外拓营销实战中，一般包含三个重要的时间节点：晨会、夕会和微课堂。在这三个时间节点，不仅要做好下一阶段外拓营销工作的安排，还要做好上一阶段外拓营销工作的总结和分析。

1. 晨会

晨会集一天营销工作的管理于短短几十分钟，对外拓营销的重要性不言而喻：统一思想、调动潜能、增强信念、激发热情、解决问题、安排工作，等等。

在短短几天的外拓营销活动中，每一个外拓营销人员每天都有既定的计划、任务，每天都处于很大的压力之中。在外拓营销执行中，面对各种各样困难的打击，难免容易意志松懈，造成团队士气不振。我们就需要通过晨会来强化外拓营销人员的主动营销意识、拼搏意识，同时解决大家在外拓营销实战中遇到的各种问题，再做好接下来一天的外拓营销工作的安排。

晨会的时间安排为每天早上上班之后。普通销售部门的晨会根据内容和流程的不同，一般为20~30分钟。而对于银行外拓营销来说，由于外拓营销人员面临的压力更大，遇到的问题更多，晨会时间可以适当延长至60分钟左右。

外拓营销晨会的内容一般包括团队创意合影、班级文化建设、团队口号、市场计划分析、市场情况及人脉关系、外拓详细计划及业绩目标、人员分工、物料再次确认和准备。

其中，团队创意合影、班级文化建设和团队口号，为团队展示环节，重在提高晨会的趣味性，充分调动外拓营销人员的团队意识和拼搏意识。要求每个团队都必须上台发挥团队创意与合作，先报队名，再进行创意合影，接着唱队歌，最后一起喊团队口号。由于团队较多，在这个环节，最好限定每个团队展示的时间，一般为2~3分钟。

市场计划分析、市场情况及人脉关系、外拓详细计划及业绩目标为解决问题环节。此环节一般以小组的形式进行内部讨论和沟通，外拓营销辅导老师巡查指导。这个环节是接下来一整天的外拓营销能否成功的关键所在。每个小组要针对自己负责的区域市场进行详细分析，挖掘共性需求，寻找销售突破点。同时，尽量争取寻找能够帮助自己取得快速突破的关键人脉资源。然后，再根据小组的实际情况以及总业绩目标确定当日业绩目标，并制订详细的执行计划。这个环节一般限定时间为15~20分钟。提前完成的小组也可以根据时间进行简单的预热演练，让小组成员尽快进入外拓营销的角色。

人员分工、物料再次确认，也是晨会的最后一个环节。人员分工一般都是提前安排好的。这里的人员分工往往是指根据外拓营销实战中出现的问题，对人员分工重新进行调整，以实现更好的人员配置。对于物料再次确认和准备，许多外拓营销人员很容易忽视这项工作。因为大部分外拓营销的物料是由银行统一准备好的。但是，作为自己在外拓营销中的有力工具，每个外拓营销人员都应该确保自己带出去的物料是完整且有用的。所以，每次晨会结束之前，每个外拓营销人员都必须对当日所用的物料进行再次确认和准备。为了提高效率，这个环节要尽量缩减时间，一般以 5 ~ 10 分钟为宜。

2. 夕会

夕会是指利用下班时间组织全体团队成员召开的集当天工作总结评价、业绩通报、经验交流、案例分析、培训辅导和明日工作安排等内容为一体的会议。相对于晨会强烈的激励作用来说，夕会更多地侧重于总结分析。

在每天外拓营销结束之后，召开夕会，对一天的外拓营销工作进行回顾和总结，确定当天的营销成果，及时发现不足和错误，并进行整改提高。

夕会，顾名思义就是下午或者晚上召开的会议，即一天外拓营销活动结束之后，集中召开的结果呈现、总结分析会。由于是在工作结束之后召开的会议，员工普遍比较乏累，渴望早点回家，所以夕会要求尽量精简，持续时间不宜过长。普通销售部门的夕会一般持续 15 ~ 20 分钟。外拓营销的夕会时间以 20 ~ 30 分钟为佳。

外拓营销夕会内容安排也尽量精简，一般包括三件事：

一是统计业绩。一天的外拓营销活动结束之后，所有的外拓营销人员都要以小组为单位，统计完善当日的所有资料，做好业绩统计和结果呈现。同时，由于各小组之间存在竞争关系，所以，除了各小组进行自我统计之外，还要将标明组别的统计表上交考评小组，考评小组再用当日分值表统计各小组总业绩。

二是总结分享。业绩统计结束之后，各小组要逐一分享自己在外拓营销活动中的心得体会、经验教训，并初步提出明日的外拓计划。这一环节最重要的就是各小组的心得体会和经验教训的分享，一般来说，要从以下几个方面来谈：

外拓心路历程（外拓前、外拓中、外拓后）或心理变化。如“只有当我们迈出脚步，才会发现路原来很宽；只有当我们张开嘴，才会发现原来我们对答如流”。

今天让您触动最大或感受最深、最感动的人与事。如“今天的实践有很多感触，在面对各种各样的问题、困难、疑问时，深深体会到我们是一个团队”。

老师课程中哪句或哪几句话让您体会最深？如“常出去转转，常开口侃侃，常用心算算”“动嘴皮子，甩开膀子，做出样子”。

三是物料准备。一天外拓营销活动下来，许多物料都已经不足。在夕会结束之前，每个小组都要对自己的物料进行检查，并根据计划补充物料。

3. 微课堂

为了强化外拓营销进程的管控，还要充分利用移动互联工具——微信。在外拓营销开始之前，整个团队就要通过微信面对面建群，确保所有人都能够随时汇报工作、寻求帮助、提供帮助、交流外拓心得等。这个微信群，就是大家在外拓营销中的微课堂。

在外拓营销活动进行期间，要求每个外拓营销人员每 1 个小时内至少要发三条信息到微课堂：

一是照片。包括客户填表的照片、和成功签约客户合影的照片、访谈的照片以及一些拜访现场的小视频等。

二是位置。由于各小组之间没法设定明确的区域，所以在外拓期间，很容易出现不同小组重复拜访的情况。为了避免这种情况的出现，每个小组在位置发生变动时，要及时将自己的位置发送到微课堂。格式：一组位置居然之家。

三是业绩。为了激发外拓营销人员的营销热情，每个小组在取得业绩时，都要及时发布到微课堂。如果怕耽误时间，也可以趁中午休息时，将上午的业绩进行总结发布。格式：一组便民卡 × 个、网银 × 个、代发工资 × 个。

除此之外，由于微课堂的人数较多，信息滚动较快，而外拓营销人员也不可能全程捧着手机看，所以，如果有重要事情，最好在发布的同时@相关人员，提醒收看。

地点确定：在哪儿做

外拓营销的地点选择是一件比较纠结的事。一方面，一次外拓营销活动一般是一个网点或几个网点联合进行的，这就已经限定了外拓营销的区域是网点所辖范围。另一方面，针对每次外拓营销的主要目标不同，对外拓地点的要求也会有所不同。

1. 地点调研

以参加外拓营销的银行网点为中心划出外拓营销目标区域的范围，并进行相关调研。我们在第三章中的表 2 中已经提到，在调研中，要根据商区、社区、园区、农区、机关学校五区，对目标区域进行分类，然后再逐一进行调研。

（1）商区调研。商区由于区域范围较大，客户较为分散，所以调研时，要以银行网点为单位划分区域。主要统计共有几个银行网点参加本次外拓营销活动即可。在商区调研中，需要重点关注的信息是每个银行网点所辖商区范围内，共有几个专业市场，每个专业市场的大小、特点、商户总数、共性金融需求、目前和哪家银行合作比较多等相关信息也要进行全面了解。

（2）社区调研。社区调研相对要简单一些。主要是以银行网点为单位，对其辖区内有物业的小区总数进行统计。随着中国城镇化进程的加快，越来越多的小区成长起来。如果想一次外拓营销活动覆盖所有的小区，几乎是不可能的。所以，在进行地点调研时，要注意对小区的成熟度、入住率、小区居民的共性特点、小区物业的合作度等相关信息进行了解。

（3）园区调研。如果外拓营销活动中有工业园区，“进园区”将会是非常重要的营销目标。由于园区客户一般都是对公客户，相对来说，金融需求比较个性、复杂，所以，在进行园区调研时，要更加仔细。首先要了解银行网点辖区内共有几个工业园，然后再针对每个工业园进行更加深入的调研。比如，该工业园区内共有企业多少家，成规模的企业共有多少家、分别是哪些企业、位置在哪儿、企业具体规模如何，工业园内是否有工业园管委会、是否可以联系上管委会的负责人等相关信息。

（4）农区调研。农区主要是针对银行乡镇网点进行的外拓营销活动地点。乡镇调研可以借助乡镇村支部的力量进行。首先是针对乡镇内存户的数量、村民的年龄层、此次外拓可以组织村民的个数等相关信息进行了解。其次是针对乡镇内种养殖客户的数量、规模、金融需求特点等信息进行了解。

（5）机关学校调研。机关学校调研同样是以网点为单位进行。但是由于机关学校管理的特殊性，银行工作人员在对其进行外拓时，往往要采用单独拜访或邀约宣讲的模式。所以，外拓营销活动策划人员在对机关学校进行调研时，重点应该关注可以直接联系或者间接联系上的机关学校的数量、这些机关学校的工作人员数量以及金融共性需求等相关信息。

2. 地点选择

在对目标区域内各地点进行初步调研之后，就是对信息进行整理、分析，结合本次外拓营销活动的主要目标选择合适地点。

在进行地点选择之前，外拓营销策划人员务必准备好电子地图。在地点调研时已经划分好的各区域内，初步选定目标地点。

商区要重点标出具有较大规模的专业市场，请确定要“扫街拜访”的路线，确保无盲区、无交叉覆盖。

社区要选择相对成熟、居民层次较高且人流量大的小区，并确定不同小区产品组合是什么。当然，如果你选定的小区物业很难沟通，想进入小区做营销活动几乎不可能，那就要退而求其次，选择小区物业合作度较高的小区。在对外拓营销进行策划时，在选择社区方面，策划人必须相信：物业的合作是社区营销活动的关键所在。

园区的选择较为简单，无非是调研时已经圈定的具有较大规模的企业。至于如何攻破这些企业的防线，实现成功营销，那就是外拓营销的方法、技巧问题了。但是，每个外拓营销人员都必须清楚：进园区，就必须搞定大企业。一旦搞定颇具规模和影响力的大企业，其余小企业都将不攻自破。相反，如果耗费大量人力、精力，只搞定了几家小企业，那“进园区”之路将会走得异常艰难。

农区的选择，首先要圈定种养殖大户，其次要圈定外出务工、创业人员。

机关学校的选择，实际上在地点调研中我们已经提到，重点选择能够直接或间接联系上的机关单位和学校。对于机关学校这类管理严格、规矩比较多的地点，银行工作人员更要突显出自身的职业素养，绝对不要在没有“引荐人”的情况下横冲直撞。否则，很容易因为某个银行外拓营销人员的冲动导致这个机关学校的大门永远向本行关闭，再难打开。

需要注意的是，在对各个区域的目标地点进行圈定时，首先要尽可能多地圈定符合外拓营销条件的地点。其次，再把已经外拓过的地点删掉。再次，根据本次外拓营销人员的数量、岗位优势、人脉优势等特点，逐一筛选。最后，对于选定的地点做最后的检查和调整，确保本次外拓营销覆盖的范围尽可能广，影响到的客户尽可能多，宣传推广的效果尽可能大，销售业绩尽可能高。在此过程中，可以使用××银行“二扫五进”外拓营销分组名单及外拓区域划分表（如表6所示）对外拓营销人员的工作进行合理安排。

表6　××银行“二扫五进”外拓营销分组名单及外拓区域划分表

组别	组长	组长电话	成员（姓名、岗位及电话）	外拓区域
1组			张建军（岗位及电话） 伍燕（岗位及电话） 钟沥婵（岗位及电话）	第一天：华源市场A区 第二天：明翰路、桑园街
2组				
3组				
4组				
5组				
6组				
7组				
8组				
9组				

风险与预案：风险是什么，有什么预备方案

风险评估与防控在外拓营销活动策划中起着举足轻重的作用。所谓风险，是指银行在开展外拓营销活动过程中，由于出现某种不利因素而导致外拓营销策略难以顺利实施、营销目标无法实现。所以，银行在开展外拓营销活动之前，就必须对外拓营销活动中可能出现的风险进行分析和评估，并做好预案，才能确保营销目标的最终实现。

1. 金融需求变化的风险

银行作为金融市场的经营主体，其经营活动难免会受到市场金融需求的影响。在银行外拓营销活动过程中，目标区域客户的金融需求是首要考虑因素，也是制定营销策略的决定性因素。但是，金融需求是一个不断发生变化的不可控因素。在移动互联网时代，随着居民消费方式的改变和家庭财富的剧增，个人客户对金融产品和服务的需求发生了较大的变化，如对移动金融产品需求的日益增强，三农领域客户对信贷业务需求的增加等。而对公客户在市场经济环境和政策环境的双重影响下，对金融产品和服务的需求也发生了变化，如“大众创业，万众创新”政策对创业贷款需求的推动等。这些变化虽然具有一定的规律，但同样存在随时发生新情况的风险。

针对此类风险，外拓营销策划人员首先要加强对外拓区域内金融需求的调查研究，绝对不可以把市场调研做成表面文章，只是走走形式就作罢。如果只是凭着自己良好的愿望和想象来策划一场外拓营销活动，难免会有失周密和完善，实施起来也会遇到各种困难。

在做金融需求调研时，除了一些常规信息之外，外拓营销策划人员还

要重点关注两个变化：一是即将进行外拓的目标客户在发生什么样的变化；二是针对该目标客户，本行的竞争伙伴在发生什么样的变化。

对于客户的变化，要从传统金融业务和电子金融业务两个方面来进行调研和分析，并得出结论，看到趋势。

某银行在外拓营销之前，从结算业务方面调研目标客户的变化发现：客户对传统物理网点的使用和依赖程度越来越低，在结算方面对银行柜台的依赖越来越小。从而得出结论：外拓中要千方百计动员客户开网银、注册手机银行，并现场引导客户体验网银、手机银行的用法。

对于同行竞争对手的变化，重点关注近期内（最长半年，最短 3 个月）对方的金融产品和服务策略的变化，对方在金融管理方面的变化等。

某银行在对竞争对手进行深入调研后发现其在金融服务策略方面发生了以下变化：一是从单一产品提供到打包组合产品提供，二是从柜台窗口、分支机构营销到远程电子营销、网上营销，三是从单兵作战到团队营销等。

只有全面掌握了客户和竞争对手的各类信息，尤其是变化趋势，才能尽可能地降低外拓营销过程中存在的金融需求变化的风险。

2. 金融安全风险

金融安全风险主要是指外拓营销人员和外拓营销对象给银行带来的各种资金安全风险。在外拓营销活动中，每个外拓营销人员都处在“将在外，君命有所不受”的状态。虽然可以通过微信、电话等方式对其工作状态、工作成果进行监督，但是，作为和金钱打交道的银行，本身就存在各种财务安全风险。所以，现在银行各网点都建立了完善的摄像头等电子监控设备。但是，一旦银行工作人员“走出去”，这些固定在一处的电子设备就失去了作用，财务安全风险也随之扩大。如果外拓营销人员的职业素养、职业道德不过关，出现了对银行不忠诚的情况，将会给银行带来严重的损失。

另外，在当前各类金融骗子满天飞，且诈骗手段越来越高明的情况下，“走出去”的银行外拓营销人员必然面临着识别、防范金融骗子的风险。谁也没法确定银行外拓营销人员“扫街拜访”的以及走到外拓摊位前咨询的这些陌生人是潜在客户还是金融骗子。

针对此类风险的预案，必须完善监督机制。

首先，外拓营销过程中，要采取最少 3 个人为一个小组的形式进行，使各小组内部成员形成一种相互制约的关系。这种相互制约的管理方式将会大大降低外拓营销过程中资金安全的风险。

其次，在对银行外拓营销现金的管理上，为了避免较大的风险发生，要明确规定所有现金业务在外拓营销活动中仅提供备案和预约服务，具体操作必须到附近网点进行，从制度上避免资金安全风险的发生。

再次，要建立外拓营销的巡视检查制度。银行绝对不能单纯依靠外拓营销人员反馈的信息对其进行管理，营销管理人员必须随时、随机对外拓营销执行情况进行巡查，亲自掌握第一手信息。同时，也要对外拓营销人员提供的各项信息进行甄别，及时发现问题，做到防微杜渐。

最后，加强过程管理，从制度上杜绝来自外拓营销对象的风险。为了有效防范可能存在的陌生客户进行金融诈骗的风险，银行营销管理人员要规范外拓营销过程中外拓营销人员与外拓对象之间的业务关系。在外拓营销之前要明确规定，所有业务往来都要有书面确定，并进行拍照，必要的时候要进行录像。

3. 活动执行风险

即使是一项非常完善的活动方案，如果执行不当，同样会产生风险。尤其是在银行外拓营销过程中，每个流程和细节的失误都可能直接导致最终目标无法实现。如果外拓营销执行人员分工不明确，或者在外拓中敷衍了事，缺乏沟通与配合，这些都将引发相应的风险。

所以，在外拓营销执行之前，要对所有执行人员进行专业的培训，确保每个外拓营销人员都有良好的业务素质和专业知识，同时具有出色的沟通协调能力和快速反应能力。除此之外，还要通过各种监督机制和奖惩机制培养外拓营销人员端正的工作态度和高昂的工作热情。只有这样，才能确保营销目标的顺利实现。

4. 意外事故风险

作为主要发生在户外的外拓营销活动，难免存在各种意外事故的风险。比如，在活动实施的过程中遇到了社会动乱、台风、洪水、地震、车祸等意外事件而影响了外拓营销活动的正常进行。例如，邮储银行某支行就因为一场突然降临的瓢泼大雨，让其精心策划和组织的外拓营销活动，还没来得及实施，就已经宣告结束。

针对这一类型的风险，一方面外拓营销策划人员要对目标区域未来几天的天气情况进行了解并确认，另一方面要对目标区域的社会治安、交通状况等各方面信息进行了解。提前做好各类意外事件发生的防控措施。当然，凡事都会有个万一。所以，外拓营销策划人员还要针对可能存在的"万一"做好预案。例如，在外拓营销进行中，突然遇到暴雨、暴雪之类的恶劣天气，可以紧急启动由外拓转为内拓的方案。内拓方案可以是室内培训和情景演练，也可以是单独拜访、邀约宣讲等。

有效回避各类风险是营销策划中非常重要的工作。而预案则是为了在回避风险的同时，还能够抓住机会，降低损失。因此，在外拓营销策划中，一定要在营销管理制度和手段上强化风险管理，以预防为主，预先堵住可能存在的各种风险源；预案为辅，确保即使发生风险也能够让外拓营销活动继续进行。

××银行“二扫五进”外拓营销培训活动实施方案

为了提升××银行的综合竞争力和服务水平，做好产品的宣传和推介，促进全辖各项业务快速发展，经总行班子研究决定，在辖内举行“二扫五进”（扫街、扫楼，进社区、进门店、进园区、进楼宇、进村组）外拓营销培训活动。为保证此次活动顺利开展，特制订本方案。

1. 指导思想

认真贯彻落实省联社、市办2016年总体工作部署，以学习掌握对外营销的新理念、新方法为目的，加快推进金融发展，提升××银行业务发展水平和竞争力，促进员工营销理念和业务发展转型，为各项业务实现新进步、新提升、新发展打下坚实基础。

2. 组织领导

为加强“二扫五进”外拓营销活动的组织领导，保证活动顺利开展，总行成立以董事长为组长，其他班子成员为副组长，办公室、人力资源部、信贷管理部、电子银行部、个人金融部、信息科技部为成员的领导小组。人力资源部负责此次活动的总协调；个人金融部负责宣传资料、宣传用品购置与发放等；信贷管理部负责业绩汇总、考核通报；信息科技部负责培训系统及网络技术保障；办公室负责培训讲师及学员的食宿安排等工作。

3. 活动具体要求

（1）培训时间

4月6日—4月9日（上午8：30—11：30，下午2：30—5：30）。

(2) 培训地点

××银行五楼会议室。

(3) 参训人员

各支行班子成员、网点负责人、业务骨干（要求统一着装，系领带或领花，佩戴工牌)。

(4) 培训内容

①4月6日，营销知识培训。

②4月7日—4月8日，外拓人员扫街拜访商户。晚上学员分享心得体会，讲师总结讲评。

③4月9日，上午外拓人员扫街拜访商户；下午召开总结、回顾、成果展示颁奖会。

(5) 培训要求

① 遵守培训纪律，参加培训人员统一着装，提前10分钟到达培训地点，不得迟到、早退，特殊情况直接向董事长请假，擅自缺席，按旷工处理。

② 进入培训场所，保持安静，不得大声喧哗、随意走动、乱丢垃圾、禁止吸烟，通信工具关闭或调为振动状态。

③ 培训时应认真听课，注意力集中，做好笔记，不得做与培训无关的事。

(6) 培训人员分组及外拓包片

外拓营销培训根据人数分为若干小组，每个小组3人，两个小组为一大组，组长由各组推荐，负责组内学习与外拓的一切事宜，外拓包片情况详见附表。

4. 奖励办法

(1) 参训人员奖惩措施

为了保证培训质量和营销效果，激励先进，总行拿出10000元奖励基金，进行考核奖励；各组员每人拿出200元PK（对抗）基金，进行竞赛考核。

名次奖励：总行设置先进小组五名（课堂成绩+外拓成绩），分别奖励2000元、1800元、1600元、1400元、1200元。

单项奖励：总行设置外拓营销单项产品奖励，分别对组织资金、金燕卡、POS机、手机银行第一名的小组奖励500元。

竞赛奖励：外拓成绩排名后三位的小组且累计得分没有达到800分的，其PK基金全数上缴，作为奖励前三名的竞赛奖励金（前三名分别奖励900元、600元、300元），其他名次的小组PK基金如数退回。

所有奖励根据营销数量和产品进行分项计分，名次按累计得分从高到低进行排名，获得名次奖的小组累计得分不得低于800分；竞赛奖励小组累计得分超过800分PK基金可以退回。

（2）外拓营销产品分值标准

① 拜访一位商户并建立商户档案　计3分

② 收集客户建议1户　计1分

③ 组织资金1万元　计5分

④ 开办1张金燕卡　计5分

⑤ 客户办理1份短信通知业务　计2分

⑥ 客户办理代发工资业务　每户计30分，另按每5人计10分

⑦ 客户办理1个手机银行业务　计20分

⑧ 客户办理1个网上银行业务　计20分

⑨ 客户办理1户POS收单业务　计20分

⑩开立1个对公账户　计50分

产品计分标准：

① 收集客户建议的以客户签名为准，每户计1分；建立客户档案，每户计3分。

② 组织资金由外拓人员申报、网点认可，按实际组织的资金数额计分。

③ 第 4 到第 10 项以建立完整的商户档案、填写申请表、收集客户办理该业务的资料复印件为准（或者身份证正、反两面照片），按对应分值计分。

④ 第 6 项办理代发工资业务，每营销一户计 30 分，另按每 5 人计 10 分。

⑤ 本次营销所有业务按网点就近原则办理，业绩归属由各组确定，在办理网点登记，报信贷管理部计入个人考核任务。

⑥ 营销活动必须如实填报，不得弄虚作假，一旦发现，每笔扣 50 分。

（3）客户奖励活动标准

① 活动期间，每上门拜访一位客户，即送小礼品一份。

② 凡在活动期间建立档案、填写申请表的客户，办理 5 万元以上（含 5 万元）定期存款，或成功开通并使用手机银行、网上银行，安装 POS 机的即送精美礼品一份。

5. 总结表彰会

根据营销业绩评出外拓各奖项进行颁奖；讲师就培训项目总结、回顾、成果展示。

6. 相关准备工作

① 个人金融部准备小礼品（削皮刀、围裙、手机支架、验钞钥匙扣等）1000 份以上、业务宣传折页足量、编制并印刷客户信息登记表、营销拓展情况汇总表等，其他物品见清单。

② 办公室负责培训师和学员的食宿安排。

③ 人力资源部负责培训场所及服务站点的设置。

实战篇

| 第六章 |
深耕商区：进商区营销实战策略

本章主要针对外拓营销中“进商区”进行实战指导。包括商区客户的一般共性需求分析，商区客户的营销拜访流程，商区客户的沟通策略技巧和如何向商区客户推荐银行优势产品等。

商区客户的一般共性需求

银行外拓营销“二扫五进”最容易出业绩的是商区客户。想要成交商区客户，我们首先要分析客户的共性需求，只有掌握了客户的这些需求，才能在与客户的谈判中占据主导地位。那么，商区客户有哪些共性需求呢？下面，我们从融资、结算和投资理财方面分析一下（如图 9 所示）。

图 9　商区客户的一般共性需求

1. 融资

商户的经营流程是囤货—销售—囤货。在这个流程中，资金的流向是支出—收入—支出。前期或者发展阶段，商户需要大量的资金周转，而金融融资对于他们是必不可少的融资手段。

但是，商户的经营管理思路落后，财务信息不公开，可供抵押的财产少，资金使用方向难以监管等导致其在申请银行贷款时无法提供完善的材料，银行贷款风险比较大、操作成本较高，出现融资难的现状。

同时，由于商户的贷款风险较大、操作成本较高，银行在对商户的贷款利率方面相较于生产企业高很多。这就是说商户的融资成本比较高，而商户的利润又低于生产企业。所以，要求降低融资成本也成了商户融资的一大共性需求。

商户在经营过程中，囤货周期短、次数多、数量小，季节性活动较多，资金周转比较快等特点，表现出对周期短、频次高、金额小、时间急的融资需求。

以上商户的融资共性需求就需要外拓人员详细分析。只有掌握了这些需求，外拓人员才能在进商区和商户谈判商业贷款时占据主导地位，在给商户推荐金融产品时才能达成共识。

2. 支付结算

支付结算是指社会经济活动中资金通过现金、银行卡、票据等结算方式完成从一方到另一方的转移。结算又分为现金结算和非现金结算两种形式。

随着现代经济的发展，人们购买商品正逐渐从现金支付向非现金支付转变。同时，刷卡支付和电子支付等非现金支付相对于现金支付更便捷、快速、安全。刷卡支付就需要商户安装刷卡设备——POS 机。

银行在为商户提供支付服务的同时必然收取一定比例的手续费用。但是，单笔利润较低、资金流动性比较大、数额较小等特点，又要求商户在选择金融结算工具时必须考虑时间成本和支付成本。快捷、支付成本低就成了商户结算的共性需求。

那么，手续费利率较低、实时到账就成了商户的最佳选择。当然，我们也需要根据商户单笔刷卡金额来推荐合适的产品。例如，小王是搞批发的，利润较低，但是单笔刷卡金额较大，那么我们就可以向他推荐手续费封顶×元的产品。小李是搞零售的，利润较高，但是单笔刷卡金额较小，我们最好向他推荐手续费利率稍微高点、上不封顶的产品。

在了解了商户的结算需求后，我们才能有针对性地为商户提供相应的金融结算产品。

3. 投资理财

投资理财是指投资者运用一些投资理财工具通过合理安排资金，达到保值增值，加速资产增长的目的。

一般，工薪阶层的收入是固定的，可支配收入也是固定的。每个月去掉开支就是存款，这些存款在没有大的开支发生时就成了固定存款。由于银行存款利率较低，如果他们拿着这些固定存款投资理财，一般会选中长期、收益相对银行较高但比较稳定的理财产品。

而对于商户来说，他们手里的资金调动比较频繁，今天在银行里，明天有可能就换成了仓库里的商品。一般情况下，他们支出一千元囤货，商品卖出去就收入一千多元，也就是说他们是靠手里的资金流动赚取利润得到收入的。淡季时手里会有闲置资金，旺季时就会有多少钱囤多少货，但是这个淡季和旺季的周期比较短，一般在几天到几个月。

我们在为商户推荐投资理财产品时就需要考虑商户特点，进而选择投资期限短、收益高的产品。

小刘是做白酒批发的商户，他们每年的5月至9月是销售淡季，不需要备货，库存很小，大量资金在这段时间内就会闲置；10月至次年4月是销售旺季，需要大量备货，需要大量资金。那么，我们在向小刘推荐理财产品时应选择收益相对较高，期限在3个月至6个月的产品。

以上三点仅仅是商区客户的一般共性需求。由于每个商区客户的特点不同，具体到每个商区客户的金融需求也会有所差异。这就需要银行外拓营销人员根据实际情况，适时调整营销策略。

商区客户的营销拜访流程

营销拜访不仅仅是敲门、销售那么简单。除了个人的心理素质和销售技巧之外，专业化的拜访流程能更好地把知识转化成生产力，也是决定拜访成败的关键因素。商区客户大多数是个体工商户，它们一般以自然人或者家庭为单位从事经营活动。它们显著的特点是单笔销售金额小，资金流动较快，经营成本低，闲置资金周期短、数额小，利润率低等。那么，我们就需要根据这些特点制定单独的拜访流程。

1. 前期准备

失败的准备就是准备着失败。针对商区客户的经营特点，我们的拜访计划要做到全盘考虑，从细节入手，使拜访效果朝着有利于我们的方向发展。

（1）选择产品。筛选出针对商区客户需求的产品，详细了解产品的特点、卖点，要做到熟练地运用。如果你在拜访商区客户时介绍的产品不能满足客户的任何需求，那么客户会认为你不够专业，从而会降低对你的信任度。

（2）寻找客户。“巧妇难为无米之炊”，即使是销售高手，没有足够的客户资源，业绩也无从谈起。银行外拓营销最重要的目的是获取客户的基本信息和需求信息。那么，如何收集到商区客户资源呢？具体可以从以下几个渠道获取：

①和税务、工商管理等部门合作。税务、工商管理等部门负责辖区内行政执法和市场监管工作。它们的资料库储存着最准确、最详细的商区客户资源。

②通过老客户转介绍。“维护一个老客户相当于开发十个新客户。”由于商区客户比较集中，彼此邻里之间都比较熟悉，所以，在商区老客户转介绍是开发新客户最主要的方法。同时，通过老客户转介绍的拜访成功率更高，花费时间更少，人力物力投入更少。

③挖掘竞争对手的资源。竞争对手的资源是建立在已有客户或者潜在客户的基础上的，那么，通过挖掘竞争对手潜在客户资源，我们能更省时省力地把握相关需求，为我们的拜访计划提供相应的依据。

（3）筛选潜在客户名单。收集到客户资源后就需要对客户信息进行整理，筛选出潜在客户名单进行拜访。当然，筛选潜在客户要做到以下几点：

①对明显经营不善的商户、重复拜访的商户及已经合作的商户进行排除。

②对公信系统显示征信不良的商户进行排除。

③对竞争对手现有客户，我们的产品又没有优势的客户进行排除。

（4）制订拜访计划。详细而有效的拜访计划可以大幅度地提高我们的工作效率。首先，我们要选定拜访的商区及客户。其次，确定每天及每周拜访客户的数量。最后，对拜访的客户进行排序并画出工作线路图。

在拜访客户中，我们要分析成功或失败的原因，实时调整拜访计划。

同时，也需要准备一些商区客户可能提出的问题的答案、话术以及一些成功的案例等。

（5）常用销售工具及个人形象。良好的个人形象会给客户留下专业、可信度高的第一印象，最好着工作服、佩戴胸牌等。而销售工具可有效地降低劳动成本，提高成功率。所以，在拜访客户前我们要列出销售工具清单，并准备齐全。

2. 拜访

“好的开始是成功的一半”，前期的精心准备就是好的开始。那么成功的另一半就体现在拜访的过程中。针对前期分析的商户的经营特点，在拜访的过程中我们要注意以下几点：

（1）拜访时间选择。周末、节假日、午休和下班时间是商户客流量最大的时候。在这些时间拜访商区客户肯定是不可取的，会打扰到客户的生意或休息，给沟通带来极大的障碍。所以，针对商区客户最佳的拜访时间为上午9—11点，下午3—5点。

（2）表明身份。商户的经营模式是开门迎客，所以，在拜访商户时要第一时间表明自己的身份，出示工作证和宣传资料。要让客户知道你是谁，来干吗的，从而判断他们是否有这方面的需求，不仅节约双方的时间，还建立了信任。

（3）确认实际管理者。一些商户的营业人员是实际管理者，具有决策权；而有些商户的营业人员只是聘请的员工。首先我们要确定自己沟通的对象是不是老板，可以通过询问来判断。比如，你好，请问老板是哪位？

如果询问的对象是老板，我们要简单地寒暄，正式介绍自己，问出老板的姓名、联系方式，建立初步的档案，在这个过程中要注意礼节。

如果老板不在，我们也要介绍身份和来意，和员工简单地沟通，初步了解需求，留下资料和名片，获得老板的联系方式，建立初步的需求档案。

（4）表明来意。通过初步的沟通认识后，我们要根据不同的场合以及客户性格采取不同的切入方式。

①直入主题。当你判断客户没有心情或者时间比较紧迫，我们就需要开门见山地表明来意，直接介绍产品。例如，“现在 POS 机比较普遍，您还没有办理，我觉得您可以了解一下我们银行的产品”；“我们公司的 POS 机手续简单，贷款利率低，理财产品种类多且收益高，你看需要了解哪方面的”；等等。

我们可以具体介绍一个产品，也可以泛泛地介绍所有相关产品，从而挖掘客户需求。

②先套近乎。商区客户比较集中，相邻的客户之间大多熟悉。所以我们可以通过已有老客户为切口进行感情上的沟通，我们也可以通过赞美对方、求教对方家庭问题、社会问题、孩子教育问题等，引起对方的兴趣，拉近与客户的距离。在这个过程中，我们一定要注意，不要涉及沉重的话题、大的政策方面的问题以及个人隐私，时间不宜过长，更不要随意地发表评论或建议。例如，“你们家东西摆得真整齐，管理得真好，别人家都没你这么细心”；“我听说今年生意不好做，你们家生意还不错、店里人挺多的”；“这是你家孩子吧，真漂亮，上小学了吧，现在孩子的学习任务很重啊”；“你们商区的 ××× 上次还提到你，介绍我跟你合作”；等等。

（5）确认需求。针对不同的客户，对产品的介绍侧重点也不相同。一些没有办过相关银行业务的客户，我们要重点介绍银行的产品和服务特点。而对办过相关业务的客户，我们要帮助客户分析产品的优势。

商区客户一般需求是 POS 机的办理、小额贷款、短期理财产品等。我们要从这几个产品出发，通过直接询问或间接的方式确认客户需求产品，从而侧重介绍。例如，通过谈话了解到两个月后是客户销售的旺季，需要周转资金提前囤货，我们就可以根据这种情况着重介绍公司的小额贷款业务。

（6）异议处理。如果客户表示出对某一产品的需求，我们就进入洽谈环节。洽谈过程中难免要对客户的异议进行回答。相对于商区的客户，他们的异议不外乎小额贷款利率、还款方式、POS 机手续费、理财产品期限及收益方面。因此，我们需要对如何处理这些异议做到心中有数。

（7）结束拜访。下面几种情况的出现，表示我们应该终止拜访。

①客户明确地表示不想继续谈下去。

②客人比较多，老板比较忙。

③老板有其他的重要事情要先做。

④达成合作。

商区客户的沟通策略技巧

沟通是人与人之间信息的传递和反馈的过程。沟通的第一要素是人，即沟通的双方。我们在与商区客户沟通的过程中，首先要对客户的性格及习惯方式进行分析，进而做出相应的沟通策略。

那么，商区客户根据性格和习惯方式的不同又分为哪几种类型？针对他们的习惯方式需要掌握哪些沟通技巧呢？我们来分析一下。

1. 犹豫不决型客户

商区客户一般经销多个种类和品牌的产品，平常接触到的销售人员和新产品信息比较多，久而久之，他们在选择产品的时候比较慎重，有时候的表现会犹豫不决。这类客户往往没有主见，只想坏的，不想好的。

对于这种类型的客户，在沟通的过程中，我们就要替客户做决定，直接告诉他使用我们的产品会得到什么好处。当客户对你的产品表现出犹豫不决的时候，你就要跟他说一些强烈暗示性的话语。比如，“我们银行的小额贷款利率是最低的了，听说央行即将调高贷款利率，如果你现在不办的话以后利率更高”；“我们银行的 POS 机手续费是最低的，如果你办别的银行的肯定比我们高”；等等。

2. 圆滑型客户

商区客户接触的都是各行各业、形形色色的人，他们对事情的解决方法比较圆滑。这种客户对你的产品一般不会发表太多的意见，让你摸不清他们的想法，不知道如何下手。

这类客户一般情况下会现出对你的产品无所谓的态度，定力很强，其实他们心里很清楚。对于这类客户，我们要以静制动，用心去观察客户，从细微处入手。你要让他觉得你就是这个行业的专家，多讲解趋势和产品的功能。比如，“刷卡消费将趋于流行，不仅安全还方便快捷。办了 POS 机，会吸引更多的客户到你的店里来”；“我们行的贷款产品不仅利率低，还款方式也多样化”，等等。

3. 冷漠无情型客户

此类客户在商区也比较常见，在你介绍业务的过程中，他们会表现出一种冷漠无情的姿态，甚至无视你的存在。这类客户给你的感觉是好像欠了他八百万似的，让你无法接近。其实，他们都是有两面性的，对待朋友、亲人或许就是另一种态度。

所以，对待这类客户，我们要有耐心，要先让他对你这个人感兴趣，其次才是对你的产品感兴趣。从情感出发，聊一些感兴趣的话题，先让态度从无情变有情。

4. 直接拒绝型客户

这类客户，不管什么产品，什么人对他销售，他都会说“我不需要”

"我没时间"或者"我不做你们银行的业务"。

现在是一个推销的时代，商区客户开门迎客更是被推销的对象。每天对他推销的产品不胜其烦，大多数还都不是他们需要的，所以，他们就形成了防范的心理。

这类客户，你要瞅准时机，在他心情比较放松、时间充沛的情况下，先聊一些跟他切身利益相关的话题。进而找到他的喜好，投其所好。比如，客户正在看篮球比赛，我们就可以先从某一个篮球明星或者某一场篮球比赛切入话题。客户如果这么说："我们不做你们行的生意。"我们可以这么回答："大姐，您先别说，让我猜一下是什么原因让您对我们行印象那么深刻。距离远？服务差？喔，都不是……我知道了，一定是某位工作人员无意让您的感情受到了伤害，如果是这样说明大姐您之前还是很喜欢我们的，恨即是爱嘛！大姐给我们一次将功补过的机会。让我们的爱得以继续，我们一定会用心呵护这份爱的。"

5. 下次型客户

商区客户的产品有淡旺季之分，在淡季的时候他们会持观望态度，这也就养成了在他们需求不强烈的时候往往会表现出"等等再说"的心态。当你介绍产品或者需要他决策的时候，出于各种原因会告诉你："等下次吧。"

这时，你就要设法找到客户的真实想法和理由，让客户说出他不愿意立刻成交的真心话，顺着他的话，不可心急，慢慢说服。实在不行也要面带微笑，和他约好下次见面的时间。例如，客户说："现在太忙了，等下次吧！"我们可以留下联系方式："看您挺忙的，那就不打扰您了！这是我们的联系方式，有什么需要咨询的您可以随时给我们打电话。我也留一个您的电话，回去后给您建个档案，方便您以后随时过来办理业务。"

6. 贪小便宜比较型客户

商区客户在采购和出售产品的过程中都经历过打折、赠品等情况。他们会和你说××银行办理 POS 机送什么什么礼品，××银行贷款利息优惠多少多少，××银行购买理财产品送什么等。

当你发现客户有这种倾向的时候，你要义正词严地告诉他银行有规定不让这么做。同时，你要告诉他你的产品相对于别的银行产品的优势。接下来，你要通过别的途径或者别的方法给予他同样或者更大的优惠。这样他就会觉得不仅占到了便宜，而且还比别的银行便宜更大。例如，客户说："你们的 POS 机费率能低点吗?"你可以回答"我行 POS 机业务是银行通过银联进行资金结算，资金到账快而且有保障；如果是第三方公司做，资金到账慢而且没有保障，有可能会使您受到很大的损失。如果您的资金留存量大，我们可以考虑在其他方面给您优惠。"

7. 八面玲珑型客户

有这么一类人，他们是天生的社交高手，无论多么的不耐烦都不会让你感觉到尴尬。这类客户从外表看很容易让人接近，让你感觉他很想和你交朋友，在你推荐、介绍产品的过程中态度很好也很热情，但关键时刻总是迟迟不明确表态。

这类客户，我们要采取强攻手段。在和他们沟通的过程中多采用夸张的语言和肢体动作，不能跟着他们的思维走。当客户对你表现出良好态度的时候，要牢牢抓住他们的注意力，适时拿出合同，一蹴而就。

最后，我们也有可能遇到这样的客户——你分不清他们属于哪一类。人的性格是多样化的，同一个人在不同的环境中有可能表现的性格不尽相同。所以，在沟通的过程中，我们要时刻关注客户的变化，根据不同的场景运用不同的沟通技巧，这样才能达到预期的效果。

如何向商区客户推荐银行优势产品

在我们外拓营销的过程中经常会遇到“我不需要”“别人的手续费比你的低”“这个理财产品的期限太长，利率太低”“你们的贷款利率太高了，××银行多少多少”等说法。那么，在我们和客户滔滔不绝地介绍产品的特点和优势的时候，为什么所起到的效果不好呢？这些都说明什么？说明我们没能对自己的产品信息了如指掌，没有把握我们的卖点，没有与竞争对手的产品做优劣势分析，有可能你所说的这些特点和优势本身就不是客户所关心的。

那么，我们该如何向商区客户推荐银行的优势产品呢？

1. 准备产品

根据商区客户的经营特点，我们要有针对性地找出对他们有需求的产品，不外乎存款、融资、支付结算等。商区客户资金流动金额小、流动频繁，所以推荐的存款和投资理财产品不能选择时间过长的；他们的单笔销售金额小、销售次数多，所以推荐的支付结算工具一定不能手续费率过高；他们属于商品流通的中间或是终端环节，利润较低，销售有淡旺季之分，所以推荐的融资利率不能过高、时间不能过长。

2. 与竞争对手做优劣势分析

我们针对商区客户准备的产品，别的银行肯定也有相应的竞争产品。针对这些类似的产品，我们要做到知己知彼。比如，××银行的 POS 机利率低，而我们银行的相对高点，那么我们就要从手续费有没有封顶、封顶金额多少、资金到账时限、资金安全等方面分析自身的优势。××行的贷款利率才 5 厘多，而我们行的要 7 厘多，那我们就要从还款方式、还款期限、提前还款违约金等方面分析自身的优势。

3. 介绍产品时，要客观评价自己和竞争对手的特点

这就需要我们不仅做到对自己的产品熟悉，还要熟悉竞争对手的产品，要对自己的产品的优劣势和竞争对手产品的优劣势做到客观全面的评估。在介绍的过程中，遇到和竞争对手比较的时候，我们要分清楚哪些优点是客户关心的，哪些是客户不关心的；针对客户关心的把自己产品的优点罗列出来，针对客户不是太关心的把竞争对手的优点罗列出来。在这个过程中，一定要记住，不能一味地光讲自己产品的优点，也不能一味地光讲竞争对手产品的缺点。我们要客观地讲出自己的优缺点，当然要把自己的优点放大、缺点缩小或者有选择地讲。我们也要客观地讲竞争对手的优缺点，当然要把缺点放大、优点缩小或者选择不太关心的优点讲，这样才会赢得客户的信任。

切记一点，在与竞争对手的产品进行比较的过程中，我们只能根据相应的产品进行比较，不要把面铺得太广，否则容易收不回来。

4. 把客户关心的问题讲深、讲透

客户最关心的是融资方面的，而你却一味地讲投资理财方面的；或者客户最关心的是 POS 机的手续费，而你一味地介绍实时到账功能；或者在没有了解客户最关心的问题前一锅端地把产品的优劣势都讲给客户听。这样的情况往往会让客户对你的介绍毫无兴趣，也容易让客户遗忘掉你所讲的优点。所以，当客户提出一个问题时，我们要针对他的这个问题给予专业、详细的讲解。客户关心的是 POS 机手续费的问题，那么我们就要围绕手续费，从客户的角度出发讲深、讲透。

比如，“我们的 POS 机手续费是根据不同的行业特点来设定的，如果你的刷卡金额比较大，我们就推荐你使用手续费封顶 × 元的；如果你刷卡

金额比较小、刷卡比较频繁，我们就推荐你使用手续费率×%，这样更实惠一点。”

5. 要与客户互动，分析需求

如果只是我们在口若悬河地介绍产品的优缺点，而客户却没有参与进来，那么再好的优点也不会是客户想要的。在介绍的过程中，我们要及时发问，让客户参与进来、产生互动，这样才能更好地掌握客户的想法，从而引导他们的需求。只有在你的产品优点引发他的需求的时候他才会关注。同时，你的问题可以加深客户对产品优点的印象，充分调动客户的兴趣，让他们加深印象。

例如，“如果你不装POS机，而你对面的超市装有POS机。试想一下，你会有多少喜欢刷卡的客户，因为便捷而跑到对面去?”这样，通过对客户的提问就把客户的痛点和需求与我们想介绍的产品的优点联系在一起了。

6. 介绍产品要思路清晰，过程要简单明了

原则上是我们介绍的产品优点越多，客户对产品就越认可。但是，由于商区客户客流量比较大，不能坐下来好好地和你聊产品，那么我们在介绍产品的过程中就要做到简单明了，讲解客户最关心的问题，思路也要清晰，即先介绍什么、怎么介绍，其次介绍什么、怎么介绍。这就要遵循介绍产品的三个简单的步骤：产品功能—产品优势—产品给客户带来的利益。比如，介绍POS机时可以这么说：“我们银行的POS机是移动终端机，可以刷储蓄卡，也可以刷信用卡；办理手续简单，刷卡封顶手续费是××银行的一半，通过银联进行资金结算；不仅让你的刷卡手续费省下一大笔，还能保证你的资金安全。”每一个特点都用简短的几句话介绍，客户就会跟着你的思路去听，能记住的内容也就相对较多。

总的来说，对本行优势产品的透彻了解和熟练掌握推介话术，是成功向商区客户推荐本行优势产品的基本技巧。这就需要每一个“进商区”的银行外拓营销人员在熟练掌握优势产品专业知识的同时，掌握一定的推介话术，同时在实践中不断总结经验，逐步优化推介话术。

| 第七章 |
深耕农区：进农区营销实战策略

本章主要针对外拓营销中“进农区”进行实战指导。包括农区客户的特点分析、农区客户的一般共性需求、农区客户的沟通技巧和农区客户建档的侧重点。

农区客户的特点分析

农区由于土地、地理位置、范围等地域特征的制约，一般以自然村为单位集中居住。相同大小的区域，农区人口数量与密度远远低于城市。如今，随着城市的发展，城市居民之间的相处模式越来越距离化，甚至出现住对门几年，却不识邻居的情况。这和城市居民的居住环境、社交特点都不无关系。

而相对城市的高楼大厦来说，农村居民往往居住在以户为单位的自家院落。这种环境促使农村居民之间更容易产生面对面的交往模式。工作生产在田间地头，吃饭休息在村前大树下，邻里之间有可能是兄弟姐妹，这样就形成了比较固定的交往圈子，即熟人型社交。

我们要分析农区客户的特点就要从熟人型社交的特点出发（如图 10 所示）。

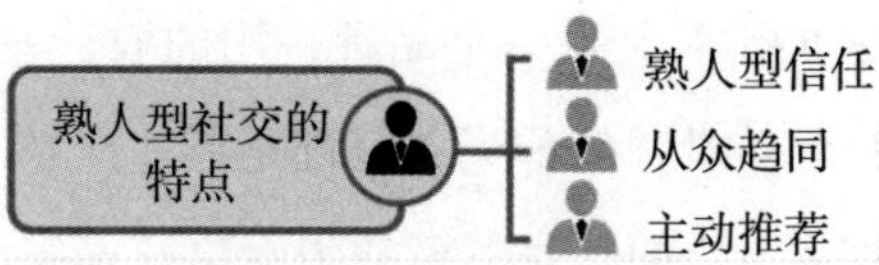

图 10　熟人型社交的特点

1. 熟人型信任

在农村，几十人或者几百人长期生活在同一个区域。他们以土地为生，生产、工作在同一个舞台，地域性的限制导致“熟悉”成了农村社会的重要特征。在农村，人们因为熟悉而信任。由于长期生产、生活在同一区域，同一行为形成了统一的规矩，这种认知久而久之就形成了一种信任，也就是熟人型信任。

农村是以村庄为居住单位的。在一个村庄，居民大部分都是同一家族或者极少的几个家族的族员组成的。家族与家族之间也普遍存在着姻亲关系。由于密切的内部联系和持久的互相依赖关系，一个村庄的风俗习惯基本相同，对一个事物的认识和评价基本相同，就会形成统一的生活准则。那么，人们做同一件事情就会根据统一的规矩来，长此以往就有了互相之间的信任。这种信任在农村比契约或者制度更管用。如果你不守信，你失信的将会是整个家族所有的父老乡亲，失信的损失相对于失信收益呈几何倍数的增长，严重的可能你将无法在村庄生存。所以，这种信任很少有人去破坏。

2. 从众趋同

受传统文化与生活区域的限制，农村居民具有很浓厚的从众心理。从众通俗地讲就是随大溜。在农村，人们的生产工具是土地，生活区域相对狭小，信息传播相对比较落后，人们获得信息的途径相对较少，在很长的一段历史时期，信息的取得是靠亲友之间的传递。农村有一个很普遍的现象，一个村庄种的粮食基本上是一个品种，用的农药基本上是一个牌子，建的房子基本上是一个样式，孩子买衣服都是同一个款式，就连娶媳妇要的彩礼都是同一个数字。比如，张三家的闺女出嫁婆家的彩礼是“三金四轱辘、一动不动”，那么李四家闺女出嫁肯定也得这个标准，不然整个村庄的人都会说闲话，没面子。

这些现象说明，在农村，大家的从众心理很重，对同一个事物的认可度也是相同的。那么，我们要想深耕农区就必须抓住这一特点，寻找突破口。一旦我们突破了一家，那么整个村庄就都成了我们的客户。

3. 主动推荐

农村居民的消费行为不仅根据自己的主观需求，大多数情况是受别人的行为影响。“小李，我们家刚买了一台 40 英寸的彩电，看着很不错，有空来家看。”在城市里人们会说：“不就是买了一台彩电吗，有什么好显摆的。”但是，在农村就会有很多人真的到家里看你买的电视，可能有几个人会比着买一台。在城市里，如果你搞一场产品的宣传活动，需要很多的礼品，可能效果很差。但是，如果你在农村搞一场相同的产品宣传活动，不需要礼品，就会有很多人参与。

有些人会说，农村人爱显摆。又有人说，显摆是一种心理强迫症的体现。但是，在产品的销售过程中，客户的“显摆”是一种很有效的宣传手段，我们称之为主动推荐。

据笔者所了解，一个村庄务工人员务工的地点基本会在同一个城市，大多数会在同一个行业或者同一个工厂。这种现象也是因为“显摆”的结果。“大山，今年出去怎么样?”“我在上海青浦×××工厂，待遇还不错，一个月能挣 5000 多元。”“那么高，比在家强多了。”“我们工厂还缺人，我跟老板说说，过完年我们一块去?” “好啊，回头我再叫上小明他们几个。”

所以，在深耕农区时，利用人们之间的“显摆”即主动推荐，会取得意想不到的收获。

农区客户的一般共性需求

在中国的传统金融体系中，农区客户属于“不受待见”的群体，尤其是在贷款业务上，银行更是慎之又慎。其中的原因主要是：一方面，农区客户传统“靠天吃饭”的经济收入模式，无法保证还款的稳定性；另一方面，农区客户缺少金融机构认可的标准化的抵押物。农区客户的手中掌握的最大价值就是土地，但是土地又是属于国家的。

风水轮流转，如今农村俨然已经成为各金融机构竞相角逐的香饽饽。近年来，随着社会经济的发展，农村居民的生产、生活都得到了很大程度的改善。具体体现在以下几个方面：国家近年来对“三农”的扶持力度增大，给予农村居民的生活、生产等补贴项目越来越多；传统农业向新型农业转型，规模种植得到国家提倡；农村居民外出务工人员增加，收入也有大幅度的提高；等等。

> 义马农商银行作为定位于服务农村商业发展的银行，紧紧围绕义马市城乡一体化发展战略，丰富拓展了农村金融基础设施建设，着力于为农区客户打造“10 分钟金融服务圈”。近年来，该行在农村地区新增取款服务点 21 个、农民金融自助服务点 10 个、迁址营业网点 4 家，同时面向农区客户推出了手机银行、网上银行等服务。
>
> 此外，该行还积极顺应现代农业发展趋势，加大对市场好、效益高、附加值高的农业产业的支持力度，推出 10 个品牌贷款产品，重点支持一批初具规模的特色农业企业发展壮大。
>
> 同时，该行还组织银行工作人员深入到农村、农户，帮助其解决

实际难题，培育农村优质客户，择优发放小额贷款，引导和支持农村党员干部、农村能人、务工返乡能人、青年、妇女、大学生村官等各类创业主体扩大再生产，加大支农创业贷款的有效投放。

（案例来源：中原经济网—河南经济报，《义马农商银行，拓宽服务时空，深耕“大农业”》，作者：张明明）

该案例是由张明明记者采访、撰写并刊登在《河南经济报》上的一篇新闻稿。在这篇新闻稿中，我们可以发现，随着农村经济的发展以及农区客户对金融需求的不断增长，各银行逐渐推出一些针对农区客户的金融产品，争取为农区客户提供更加完善的金融服务。而无论创新金融产品和服务，还是在外拓营销中有针对性地推介产品和服务，都必须建立在对农区客户金融需求深入了解的基础上。一般来说，农区客户有以下几点一般共性需求（如图 11 所示）。

图 11　农区客户的一般共性需求

1. 粮食补贴

自国家免除农业税，实行粮食补贴政策以来，粮食补贴款从基层政府代为发放变为现在的银行直补发放。也就是说，国家给予农村居民的粮食补贴需要通过银行进行转账，农村居民需要通过银行领取粮食补贴。

2. 农村低保

社会老龄化加重，老年人口比例增加，相对于城市居民，农村居民由于工作性质原因，大多数没有参加养老保险。国家针对因伤残、年老体弱、丧失劳动能力和生存条件恶劣等原因造成生活困难的农村居民实行农村低保政策。全国每年享受农村低保待遇的人数达上千万，低保支出达几十亿元人民币，这些低保金的发放也是通过银行转账进行。

3. 失地补偿

随着城镇化建设步伐的加快，国家为了公共利益的需要对农村居民集体所有土地进行征用，给予相应的征地补偿。农村居民出让土地的经营使用权，得到相应的失地补偿款，这些补偿款通过财政打到农村居民的银行账户。

4. 储蓄存款

自古以来，由于农村居民要靠天吃饭，风调雨顺收成增加，遇到天灾有可能就颗粒无收，所以，农村居民的收入很不稳定；农产品销售价格较低，产能又固定，导致收入非常低；同时，农村居民在养老、医疗等方面不能得到很好的保障。这些导致农村居民的金融需求与城市居民有很大的不同，他们就必须为防范风险留存一定的储蓄。

农村居民一般都是有多少钱办多少事，有钱就生活水平提高一点，没钱就节约一点。他们不敢像城市居民一样贷款、办理信卡超前消费，当房奴、车奴。所以，我们分析农村居民的金融需求主要是储蓄方面的。

5. 贷款业务

农村居民靠农作物和农副产品养殖生存，他们既是消费者又是生产者。随着新型农业及农业新技术的发展，农村居民增加对农业生产的资金投入，而农村居民手上的现金少、资金缺口大，所以对信贷资金的需求增加。尤其是从事规模经营和特色经营的农村居民，他们从传统的种养业转型规模、特色种养业，随着这一需求主体的转变，对信贷资金的需求也相应增加。

除了以上几点一般共性需求之外，在外拓营销过程中，“进农区”外拓营销人员还要注意挖掘农区客户的其他潜在金融需求，并认真记录在案，为后续创新金融产品和服务提供信息支持。

农区客户的沟通技巧

根据农区客户不容易信任陌生人、对银行工作不太了解、容易相信熟人、容易从众等特点，银行外拓营销人员在“进农区”时，可以采取以下沟通策略。

1. 找准沟通对象

由于农村居民金融信息较少，有的很可能一直没有办过银行业务。在与农区客户沟通的过程中，我们要弄明白哪些是我们的潜在客户。外出务工人员一般来说是我们的存款潜在客户；外出创业人员和种养大户既是我们的存款潜在客户也是我们的贷款潜在客户；低保、失地补偿是由村委会具体操办的，村委会是这类客户的突破点。

俗话说，上什么山唱什么歌，十里不同风，百里不同俗。外拓营销人员确定沟通对象之后，还要对沟通对象做初步了解，尤其是一些敏感信息，如民族、信仰等。这些信息不仅可以使外拓营销人员在沟通过程中有效避免踩到雷区，还能够帮助外拓营销人员找到沟通对象比较感兴趣的切入口。

2. 搞好村委会关系

村委会是一个村的行政单位，他们有本村的经济、政策、人文的详细资料，掌握着本村的财政支出。通过村委会，我们可以更好地掌握有哪些人员是我们的潜在客户，他们的大概需求是什么，从而提高我们的工作效率。当然，想要把一个村的粮食补贴、低保金、失地补偿款等通过本行转账就必须先搞好村委会的关系。如何搞好村委会的关系？

我们可以先了解村委会需求并给予支持。比如，给村里相关人员人手送一个印有本行标志的茶杯，年前送一些对联，印一些宣传册帮助村委会进行金融安全知识宣传等，这些不仅可以拉近与村民的关系，还能通过村委会人员起到宣传、增加信任的作用。

另外，会计在村里是很重要的一个岗位，本村的收入和支出都要通过他们的手。对于这样的岗位人员，我们一定要率先突破。这些人员比较重视资金的安全和隐私，所以，我们在突破的时候可以采用熟人介绍、上级领导介绍、同岗位人员介绍等策略。

村委会成员一般是本村具有一定影响力的人、生产能手或者经济带头人。我们不仅可以以他们为媒介挖掘潜在客户，他们本身就是我们的潜在客户。

3. 找好“带头人”，利用熟人介绍

由于农村居民文化水平普遍不高，一些有文化、有想法的人就会成为本村的“带头人”。外拓营销人员要利用好这个“带头人”，通过他的介绍去和农区客户进行沟通，就容易获得更高的信任度。

在“带头人”的选择上，首先必须是在当地有一定影响力和口碑的人物。这类人物一般有较好的人脉和沟通能力。其次，要确保“带头人”愿意和银行工作人员合作，配合银行外拓营销活动的进行。最后，还要对“带头人”进行简单的业务培训，使其对银行针对农区客户推出的重点产品和服务有一定的了解，以方便其在外拓营销进行中帮助银行工作人员进行推介。

4. 语言通俗，多打感情牌，建立互信

和农村居民沟通，语言要通俗易懂，不能太循规蹈矩。你满嘴的专业术语，我们银行短期存款年利率多少，中期存款年利率多少，长期存款年利率多少。村民知道你的短期是多少天，中期多少年，长期多少年吗？你只能告诉他，我们的一年存款月利息多少，三年存款月利息多少，五年存款月利息多少。你也没必要告诉他我们这个理财产品是××基金推出的，实力如何如何。不妨直接告诉他，这个理财产品到期你最低能得到多少钱的利息。

此外，由于历史原因，农村居民对一件事物的判断大多数是跟着感情走的。针对农村客户，外拓营销人员要善于打感情牌，先拉近关系，再逐步建立信任。例如，外拓营销人员在开口推销业务之前，先递上礼品，让对方不好意思拒绝。

同时，也可以利用第三人转介绍的方式拉近关系。农区客户之间一般存在各种直接或间接的亲戚关系。相对于城镇客户不太容易亲近的特点，农区客户非常注重亲友之间的关系，如果是亲戚、朋友介绍的人，他们会很容易产生信任。

尤其是对于农村的种养殖客户，无论是求助于村委会，还是求助于熟人转介绍，都是非常有效的沟通策略。否则，对于贸然打扰自己的“陌生人”，农村的种养殖客户必然会带着警惕、怀疑、排斥的态度进行沟通。

如此一来，就等于给外拓营销人员先设置了一道沟通障碍。

总的来说，要想和农区客户沟通得好，一定要找到他们信赖的“熟人”进行转介绍。

农区客户建档的侧重点

全面详细的客户档案是银行确定产品营销政策的重要依据。由于市场变幻莫测，竞争越来越激烈，对外拓营销来说，建立客户档案是最重要的一个环节，是营销环节中准确的信息传递的基础。建立客户档案不仅仅是留下联系人、联系方式、地址等，还需要做到数据化、精细化、系统化。也就是说，我们在建立客户档案的过程中要有侧重点：哪些是我们的潜在客户？他们的潜在需求是什么？

在银行外拓营销过程中，针对农区客户，我们建立客户档案的侧重点有以下几点。

1. 家庭人口

家庭人口是客户建档中首先必须关注的信息，一般包括家庭人口数量、年龄结构、收入特征、消费特征、存款情况等几个方面。对于银行外拓营销人员来说，关注这些信息，主要是为了从中挖掘其金融需求。所以，在建档过程中，针对每一个方面，外拓营销人员不仅要关注其当前的金融需求，更要关注其未来潜在的金融需求。

首先，家庭人口数量是我们进行家庭客户建档的基础，是下一步分析年龄结构、收支、消费以及存款情况的前提。

其次，年龄结构是很重要的一项。一个家庭的年龄结构决定它的支出与收入的比重，进而决定它们对银行产品的需求不同。比如，一个家庭 4 口人，父母双方以及儿子和儿媳妇，那么他们家的支出占收入的比重较小，可能是银行的存款潜在客户；年轻人对网上购物比较热衷，他们也可能是电子银行产品的潜在客户。

再次，收入和消费特征是银行外拓营销人员建立客户档案的最重要一项。收入的高低决定他们是否有能力购买银行的理财产品或者是办理存款业务。假如一个家庭上有老下有小，夫妻双方年收入仅 5 万元，你去向他们推荐理财产品成功的可能性肯定不大。

最后，是否有存款不仅反映客户的经济能力，同时也可以反映客户对待银行产品的了解程度，也为我们的沟通省去很多阻力。一个有存款的客户，首先说明他办过银行业务，对银行有信任感，打消了很多顾虑；其次是他既然有存款，就有可能对理财产品有需求。

2. 外出人员

随着改革开放的不断深入，越来越多的农民在农闲时节选择外出务工或创业。这个群体也逐渐成为银行农区客户的主要客户群。所以，在外拓营销中，为农区客户建档的时候，对外出人员要重点关注。

一般来说，农村外出人员可以分为外出务工人员和外出创业人员。由于所处环境、工作性质、收入来源、收入水平等因素的不同，在建档时，对他们的信息关注角度也存在差异。

（1）外出务工人员。建立外出务工人员档案主要侧重从事什么工作、收入情况、返乡周期、银行存取款情况、联系方式等。有一位农商行的学员，他在进行农区客户外拓营销时，建立的外出务工人员档案就比较详细。张三，男，35 岁，家庭地址 × × ×，电话138 × × × × × × × ×，上海 × ×公司的车间主管，每月工资5000 元左右，每年的端午、中秋及年底返乡，端午和中秋以取款为主，年底大概有 3 万元的盈余存银行定期。这样的档案就是一个有效的档案，我们可以通过档案详细掌握客户有哪些金融需求、在什么时间预约拜访、准备哪些金融产品等。

（2）外出创业人员。针对外出创业人员，由于他们既有存款需求又有贷款需求，我们在建立档案时就有所差异。建立这类客户档案，不仅要详细地记录年龄、从事什么工作、收入情况、返乡周期、存取款情况、联系方式等，还要详细记录他们做什么生意的、公司规模、行业性质、有没有贷款、信用情况等。比如，李四，男，40 岁，家庭住址 × × ×，电话 138 × × × × × × × ×，× ×公司老板，从事 × ×产品的经销，员工 10 人左右，年经营额在 500 万元左右，3—10 月比较忙，每年春节返乡 1 次，有过贷款记录，在村子里口碑较好，无不良嗜好。

3. 种养殖大户

近年来，随着工业化、城镇化进程的加快，各种类型的种养殖大户已经成为农村经济发展的生力军。这些种养殖大户由于生产规模较大，对金融的需求相对较大，俨然成为银行的重要农区客户。银行外拓营销人员在对农区客户建档的过程中，种养殖大户是我们的重中之重。那么，针对种养殖大户，我们该如何建档呢？

（1）基本情况。包括负责人的性别、年龄、文化程度、是否是本村村民、经营种养业年限；种养基地所在地的位置、自然环境、交通情况，是否进行注册、经营形式；种植的农作物或者养殖的动物的种类；等等。

（2）要素情况。包括种养殖的土地面积，土地来源，土地经营年限，土地成本，劳动人数，资金来源，是否获得财政支持，是否有银行贷款，农用生产工具有哪些、价值多少、是否获得补贴，是否有技术人员等。

（3）经营情况。包括经营范围、年投入成本、年收入、产品的销售渠道、相关的公共服务支持、农业保险购买情况、经营的制约因素、销售方面的困难等。

上述三种是银行外拓营销人员建立农区客户档案的主要侧重点。同时，由于农区客户经济收入及支出一般以家庭为单位计算的特殊情况，我们在对农区进行外拓营销的过程中，建立农区客户档案要以家庭为单位，详细记录每个家庭成员的经济、生活等详细资料，确定整个家庭的收支、储蓄、信用等一系列与银行相关的情况，才能更好地了解他们的金融需求。

| 第八章 |
深耕园区：进园区营销实战策略

本章主要针对外拓营销中“进园区”进行实战指导。包括对公营销和个人营销的异同分析、园区企业的拜访模式、园区企业金融需求分析和园区企业客户公私联动技巧。

对公营销和个人营销的异同

营销中，根据客户的性质将客户分为对公和对私两种。对公就是指企业客户。对公营销指的是银行对企业客户的营销，这里所说的对公客户主要是指工业园区内的企业。许多外拓营销人员不了解对公客户的特点，采用对个人客户同样的营销策略进行外拓，导致营销结果不尽如人意。事实上，对公客户营销和个人客户营销既有共同点，也有不同点。

根据银行对公客户和个人客户的不同特点，从营销中的产品、价格和渠道三个方面来分析对公营销和个人营销的异同（如图 12 所示）。

1. 产品

(1) 银行对园区企业提供的金融产品和服务主要包括三大类

①对公存取款。对公存款是企业在银行的结算户存款、专户存款和定

营销要素	对公营销	个人营销	共同点
产品	★★★组合产品	★单一产品	★★存取款业务，信贷业务
价格	★★★成本低，价格高	★成本高，价格低	★★免费提供小额存取款服务
渠道	★★间接	★★★直接	★无

图12　对公营销和个人营销的异同

期存款。对公存取款主要用于生产、经营，呈现出户均金额高、流动性强、期限短、对宏观经济政策比较敏感等特点。银行对公存款产品有单位活期存款、单位定期存款、单位通知存款、单位协定存款、结构性存款、外汇存款、集团账户存款、代发工资等。

②信贷。企业贷款是商业银行的主要对公业务，一般用于生产、经营，呈现出额度大、期限长等特点。银行对公信贷产品有流动资金贷款、项目贷款、固定资产贷款、抵押循环贷、贸易融资等。

③资金清算、中间业务、机构业务、基金业务等。这些业务是相对于一个组织的特有业务。

需要强调的是，对于园区企业客户来说，一般不会只购买某一种金融产品，而是需要银行根据客户需求，制定出符合企业个性化金融需求的产品组合方案。

（2）银行对园区个人客户提供的金融产品和服务同样包括三大类

①个人存取款。存取款是个人日常工作生活中最大的银行金融服务。但是相对于企业来说，个人的存取款主要用于生活，呈现出金额小、期限长、随意性大等特点。针对个人客户，银行在选择营销产品的时候可以是活期储蓄、零存整取、整存整取、存本定息、教育储蓄、通知存款、个人理财等。可以说，储蓄是个人最大的金融需求。

②个人信贷。银行个人信贷类产品有信用卡，房贷、车贷等抵押贷

款，小额担保贷款等。个人贷款的用途一般用于消费、住房、创业等，呈现出的特点是贷款额小、期限短等。

③个人投资理财。个人投资理财业务是指银行针对个人大客户提供的定制的、合理有效的管理其资产负债和其他更深层次的金融服务。一般包括合理安排开支、合理投资、购买保险、购置住宅等不动产及其他私人财务问题。

对于个人客户来说，往往是某段时间需要某种金融服务才会使用，不需要的时候，就会放弃使用。比如，即使个人客户在某银行从未办理过存取款业务，也会在需要贷款时，因为该行贷款手续便捷、利率低等特点，在该行办理贷款业务。所以，相对于对公客户来说，个人客户对产品的需求具有单一性，而且忠诚度较低。

通过以上分析，银行对公营销与个人营销的产品相同点是都需要存取款和信贷业务；不同点是银行对公营销产品和服务更多、更复杂，业务量也更大。

2. 价格

银行对公业务往往服务的都是大客户，所以对公客户购买银行产品和服务的特点具有单笔金额大、现金流大、业务种类多等特点。同时，作为银行的大客户，为了得到更加安全、稳定、优质的服务，一般都会支付相应的服务费用。而相对于对公客户来说，银行的个人客户对银行的需求更多地锁定在小笔金额的存取款业务，而这类业务恰恰是银行耗费成本最大、利润率最低的产品。

所以，从异同上分析，银行在小额存款服务方面，都免费为对公客户和个人客户提供。不同点是，在收费业务方面，银行对公业务的价格特点是投入小、利润大，而个人业务的价格特点是投入大、利润小。

3. 渠道

在传统营销四要素中，渠道指的是产品从企业到消费者手中所经历的各种通道或路径，包括储存设施、运输设施、存货控制等。而在银行营销过程中，渠道指的则是银行为了让其金融产品和服务到达客户手中，所采取的方法或者所提供的服务方式。

相对于个人客户根据自己需求主动到银行办理业务，而银行可以直接为个人客户提供各种金融服务的特点来说，对公客户就需要银行多费一些周折了。如果对公客户是潜在客户或新客户，银行往往需要一个中间人，然后还要找到关键人，才有可能有机会为对公客户提供服务。即使是老客户，银行也不可能直接面对客户，往往都是由企业中的财务人员到银行办理业务。而在当下工作人员流动较为频繁的大环境中，同一个对公客户到银行办理业务的人员可能都不是一个人。

所以，外拓营销人员在对个人营销时，可以只强调单一的产品、忽略价格因素，同时建立较为简单的个人客户信息档案即可。而在“进园区”对公营销时，一定要以一家企业为单位进行个性化、组合化、全面化的营销，在产品方面要根据客户需求制订个性化的组合方案，价格方面可以强调本行和其他行同类产品相比的价格优势，渠道方面一定要建立全面、详细的客户信息档案，不要仅仅留下某一个负责人的姓名和联系方式，因为很有可能你下次拜访的时候，他已经离职了。

园区企业的拜访模式

80/20 定律应用在银行的盈利中，指银行 80% 的利润来源于 20% 的客户。在劳动的投入比重中，我们要把 80% 的精力投入到 20% 的客户身上。企业客户作为银行的主要利润来源，它们肯定是我们的 20% 客户一类。所以，我们在制定园区企业拜访模式时，要和拜访中小客户区别开来，要多投入精力，拜访流程要更精细、规范。

1. 跑马圈地，搜寻企业信息

企业客户作为银行的重要客户，要想制订有效的拜访计划，我们在对他们拜访之前要先了解详细的企业信息，做到知己知彼。首先，我们需要搜寻园区的企业信息，可以通过以下几种方法：

（1）通过园区管委会。园区管委会是园区企业的管理部门，他们掌握着园区所有企业的详细信息，包括法人信息。同时，他们作为园区管理者，多多少少和企业的管理者有一定的来往，不仅是我们信息的来源，还是我们的推荐人。通过园区管委会了解企业信息的方法很多，比如，我们可以帮助园区搞一场金融安全知识培训、中小企业帮扶联谊会等。

（2）通过工商、税务部门。工商、税务部门不仅掌握着企业的详细信息，还可以通过他们初步了解企业的规模、经营范围、征信情况等。

（3）通过网络。随着互联网的发展，大多数企业都建立了企业网站。我们可以通过他们的企业网站初步了解企业的经营范围，收集企业的联系方式等信息。同时，我们还可以通过企业发布的招聘信息，初步了解到企业负责人或者是相关管理部门的负责人的联系方式等。

（4）通过现有客户转介绍。银行的现有客户是外拓营销的重点。现有客户通过业务的来往，对企业有很大的信任，他们不仅是银行的经济来源，还是银行的品牌代言人。同一个园区的企业，他们即使没有业务的来往，也大多相互认识。我们可以邀请他们办讲座、酒会等活动，通过现有客户去带动潜在客户的发展。

2. 企业客户定性

收集企业的信息，我们就要对企业的信息进行分析，圈定我们的目标群体，再次聚焦，找到我们的潜在客户。这里说的定性指的是：企业是否是生产企业、经营情况如何、企业的行业地位、最近企业动向、年销售额多少，企业的实际负责人的详细情况、年龄、爱好、教育背景等。比如，有多少企业是生产企业，它们大概的年销售额是多少？有哪几家企业准备扩大规模，有没有贷款？有哪些企业有过贷款，信用情况如何？企业负责人的年龄层分布，青年企业家多还是中年企业家多？潜在客户的爱好分别是什么……

3. 电话预约

预约是拜访客户的敲门砖，只有约定好了时间，才能保证拜访计划的顺利进行。企业负责人作为企业的掌舵者，他们每天工作繁多，所以，我们在对企业拜访时，首先要确定的是他有没有时间。预约的方法很多，但是电话预约不仅可以节省时间、不用疲于奔命，还是一种礼貌的行为。成功的预约不仅给予银行销售人员信心，还可以让拜访畅通无阻，最主要的是可以初步了解客户是否有需求。

如何增加电话预约成功的概率？

首先，我们要有一套标准的预约话术，尽量清晰、简洁、一环扣一环，而且要想好客户拒绝该如何应招。假如客户说今天没时间，我们可以这么说："可以理解，说明您的公司业务很多。我也老是感觉时间不够用。我这个星期都在贵公司所在的园区，所以在星期四下去或者星期五下去我去拜访您一下。"

其次，我们要明白电话预约的目的。我们电话预约不是向客户滔滔不绝地介绍银行的产品，而是要引起客户面谈的兴趣。

最后，我们要注重时间、地点的选择。企业的负责人一般上午会处理很多工作上的事情，我们最好约在下午拜访。比如可以这么说："您看我是周三上午去拜访您还是周三下午去拜访您？我们是在您公司见面还是在旁边的咖啡馆?"

4. 小组拜访

针对不同的客户、需求大小的不同，要确定合适的拜访人数。园区企业客户作为银行的重要客户，要非常正式地拜访，对拜访人员的技术要求很高。所以，我们在对园区客户拜访时，要以团队形式进行，最好是三人拜访小组。俗话说："金无足赤，人无完人。"所以，银行客户经理的素质有高低之分。三人拜访小组可以有效配合，取长补短。谈判的过程中，难免出现一些不确定的因素，三人拜访可以相互补台、避免冷场。

从分工原则来说，三人拜访能更好地发挥团队效应，分工明确，更能提高工作效率。我们可以安排一个人唱"白脸"，负责公关，沟通感情；一个人唱"黑脸"，负责回答客户的疑难问题，要技术含量高、有专业性，给客户留下专家的形象，树立威信；最后一个负责协调，起到纽带的作用。

5. 确定服务项目

确定服务项目是银行客户经理拜访园区客户的最终目的。通过与园区客户的沟通，我们大致了解客户需求后，就需要确定银行能给所拜访的企业提供哪些服务内容。例如，一些需要扩大生产经营的企业，我们就可以确定他们需要的银行金融服务主要体现在融资贷款方面；员工数量比较多的企业，我们可以确定他们需要的金融服务为代发工资等；以出口为主的企业，我们可以确定他们的金融需求为国际汇兑、结算等。

6. 拜访记录

我们对园区企业的拜访，很少能够一步到位，有的可能需要多次拜访才能达成合作。那么，在每次的拜访过程中，拜访记录是很重要的一个内容。拜访记录最好以表格形式体现。具体包括以下内容：企业名称、地址、拜访人、拜访时间、拜访次数、资料使用情况、企业经营范围、注册资本、员工规模、年营业额、已办理银行业务、年贷款次数及额度、初步达成意向、洽谈进度及遗留问题、下次拜访计划等。

园区企业金融需求分析

园区企业在金融需求方面同样具有一定的共性。虽然园区企业一般都是银行的对公客户，但是同样存在对私业务需求。因此，我们从对公业务和对私业务两个方面来深入分析园区企业的金融需求。

1. 对公业务

（1）资金管理需求。企业的生产经营是对资金的经营，资金贯穿企业整个生产经营的始末，是财务管理的核心内容。一个企业的经济活动是资金流动的过程，资金是企业供产销的保障，管住资金就管住了企业生产经营的重要环节。资金管理是银行为企业提供的账户管理、资金结算、票据管理、现金管理、资金上拨下划、资金计划及银企自动对账等服务。

一个企业的正常生产经营，需要保持合理的资金存量和规范的资金流动。首先，过多地持有资金，会增加企业的机会成本，不利于合理的资源配置；过少地持有资金，会影响企业的偿债能力，可能导致资金链的断裂。其次，在企业的生产经营过程中，如果没有规范的资金管理制度，那么就容易滋生腐败，进而危及企业的生存。

（2）信贷融资需求。企业的终极目标是实现企业价值的最大化，也可以说是实现企业利润的最大化。如何让企业在市场竞争中生存下去，实现企业利润的最大化？

首先，企业需要发展壮大。在市场经济下，适者生存、优胜劣汰是企业生存的基本规律。企业要想生存，就需要不断地发展壮大。企业的生产经营所获得的利润往往满足不了扩大生产规模的需求，那么，银行的贷款融资就成了资金来源。同时，在企业的生产经营过程中，提高生产效率和企业的市场竞争力，新技术的研发是企业生存的重中之重。而新技术的研发需要大量资金的支持。

其次，企业在经营过程中，难免出现资金周转不开的情况，比如，当一个企业应收账款增加，而又需要大量囤货的时候，资金往往就会出现缺口，这个时候就需要通过银行贷款融资来满足资金的需求。

（3）理财需求。企业在筹资和经营的过程中，会产生大量的现金，这些现金在进行二次投资之前往往成为闲置资金。那么，在没有与企业的经营发生冲突的情况下，提高流动资金的收益就需要企业通过理财产品得以实现。比如，一个企业准备半年后上一批新型设备，而为这批新设备准备的资金就成了现阶段的闲置资金。这笔闲置资金如果作为活期存款存在银行里，所得到的报酬远远低于公司经营收益，那么，企业就需要一款合适的理财产品获得更高的收益。

2. 对私业务

（1）银行卡服务。员工是企业最大的财富，他们不仅是企业的生产者，还是社会生活资料的消费者。企业员工工资的发放一般通过银行的转账得以实现，就需要办理员工工资卡以及代发工资服务。员工又是生活中的消费者，有着固定的工作收入，成为信用卡的潜在客户。

（2）个人信贷服务。随着经济收入的提高，人们对生活质量的要求越来越高。提前消费正逐渐成为一种消费习惯，大多数城市居民成了房奴、车奴。企业员工是城市居民的主要群体，他们在购房、购车等方面存在很大的需求。房贷、车贷也成了企业金融的衍生需求。

有一次，笔者陪同一位银行客户经理对一家企业进行拜访，在对企业金融需求进行调查的过程中，就了解到一个情况。这家企业两年前刚搬到高新技术开发区，离城区大概10千米左右，大多数员工还居住在老厂的附近。他们企业的旁边刚开发了一个楼盘，有一部分员工希望住的离厂比较近，就产生了购买新房的想法。而另外一部分不想买房的员工，也产生了买车的想法。

最后，我们和那家企业达成合作，他们厂的员工买房、买车如果需要贷款，我们银行可以提供手续简单、利率优惠的个人贷款服务。

(3) 住房公积金服务。住房公积金是员工的住房保障。住房公积金制度是国家法律规定的重要住房保障制度，缴纳住房公积金是企业和个人必须依法履行的义务。在住房公积金的资金结算、缴存及支取、查询和个人住房贷款等方面需要通过银行提供金融服务。

全方位了解了园区企业在对公业务和对私业务方面的需求之后，外拓营销人员就可以在外拓过程中，利用公私联动技巧，深入挖掘园区企业的金融需求，最大限度地扩大营销业绩。

园区企业客户公私联动技巧

公私联动营销不仅能够快速提升外拓营销的效率，还能够实现银行内部对公业务部门和对私业务部门的双赢。尤其是对于园区企业客户，既有对公业务的需求，也有对私业务的需求，是公私联动营销最好的实践对象。

1. 对公客户带动个人客户

随着社会发展的不断加速，每个人在社会中扮演的角色越来越多，所承担的责任也各不相同。每一个对公客户背后都站着几十个，甚至几百个个人客户。如果能够利用对公客户的关系带动其背后的个人客户资源，对于银行业绩来说，是极大的一个跨越。

首先，将对公客户变成个人大客户。园区企业老板坐在办公室的时候，就是银行的对公客户。但是，当他走出公司，走进社会，走回家中，他就会存在个人存取款、个人信贷以及个人投资理财等金融需求。从其背后的资金实力以及其对银行提供的价值来看，这类客户完全可以成为银行的个人大客户。基于这一点，银行外拓营销人员在对此类客户进行外拓时，不仅要了解其在对公业务方面的需求，同时还要尽可能挖掘其在对私业务方面的需求，实现公私联动营销。

其次，挖掘对公客户背后的个人客户。园区企业中，每一个优质的对公客户，都必然是有一定数量员工和客户、具有较大规模的企业。对于银行来说，这些优质对公客户背后的员工、客户等资源都是银行潜在的个人客户。因此，外拓营销人员在对对公客户进行拜访的过程中，要有意识地收集其背后的资源。如果已经和对公客户建立良好的、稳定的合作关系，同时取得了对公客户的绝对信任，可以直接要求该客户进行“转介绍”。

2. 个人客户带动对公客户

在当前人际关系错综复杂的时代，几乎每位个人客户背后都潜藏着对公客户。银行外拓营销人员在“进园区”之前，最好对银行网点内部现有存量客户数据进行梳理，首先，筛选出位于目标园区内的个人客户；其次，对这些客户进行二次筛选，找出可能存在对公业务需求或者能够成为对公业务“转介绍人”的个人客户；最后，外拓营销人员还要确定自己选定的个人客户是网点的优质客户，即在该网点办理业务频繁，对银行的信任度、合作度都比较高的客户。

如果对方不是和银行工作人员比较熟的个人大客户，外拓营销人员即使确定其有带动对公客户的巨大潜力，也不宜贸然行动。最好是通过对该客户的深入分析，找到为其提供更深层次的金融服务的契合点，并以此为借口进行接触。然后，巧妙利用客户关系维护策略，与客户建立信任、长久、稳定的关系。待时机成熟，再寻找合适的机会，主动向客户提出带动对公客户资源的要求。

需要提醒外拓营销人员的是，由于外拓营销的时间比较短，而以上以个人客户带动对公客户的方法历时又比较久，所以，要想尽快达成目的，最好是选择一些当前和银行内部某工作人员关系比较好的个人客户，然后先利用同事关系实现跨部门、跨岗位联动营销，再进行公私联动营销。

3. 公私同步联动

事实上，无论是利用对公客户带动个人客户，还是利用个人客户带动对公客户，对于外拓营销这种追求短期内见效果的营销活动来说，都不是最佳选择。最适合在外拓营销中采用的公司联动技巧是——公私同步联动，即让银行的公私业务交替进行，同步营销，不再局限于是对公客户还是个人客户。

也就是说，在对园区中任一客户进行外拓时，首先对其进行初步了解和判断，如果对方已经在本行办理对私业务，就引导其到本行办理对公业务；如果对方已经在本行办理对公业务，就引导其到本行办理对私业务。这种交叉进行的营销模式，更有利于外拓营销人员和园区客户的沟通。并且，银行外拓营销人员在沟通时，也不需要纠结对方到底应由哪个业务部门负责，而是全面激发出他对银行整体业务的需求。

这就要求“进园区”的外拓营销人员始终抱着公私联动的态度和客户进行沟通，尽可能多方面了解客户的需求，深入挖掘每一个业务需求的可能。同时，在外拓的过程中，尽量寻找能够以公带私、以私带公，让公私业务同步进行的突破口。

公私联动营销既是银行适应当前客户需求结构变化的需要，同时也是银行实现客户资源和忠诚度同步提升，全面提升银行综合竞争力的需要。相对于坐在柜台后面等客户上门提出要求再提供服务的银行传统营销方式，外拓营销更有利于银行公私联动营销的实现。所以，每个“进园区”的外拓营销人员都必须熟练掌握公私联动的技巧，并在实战中有效运用，争取让每一个客户的价值都实现最大化。

| 第九章 |
深耕社区：进社区营销实战策略

本章主要针对外拓营销中“进社区”进行实战指导。包括银行进社区常见问题、银行社区营销方法、社区居民的金融需求和社区活动的实施技巧。

银行进社区常见问题

近年来，中国社会经济发展日新月异，城市建设步伐加快，房地产行业蓬勃发展。社区作为城市生活最基本的单位，正逐渐取代传统生活区，在城镇化建设中起到重要作用。随着社会经济的发展，目前城市居民大多形成了一种社区化的生活方式。由于社区居住密度大，更容易建立情感联系等，社区营销得到了大多数银行的认可。但是，社区营销作为新兴的营销方式，很多银行外拓营销人员在进行社区营销的过程中都会遇到各种各样的问题。最常见的有以下两点。

1. 找人难

很多银行外拓营销人员谈及进社区都会愤愤不平地说：“保安不让进，物业百般阻挠。连大门都进不去还谈什么社区营销?”是的，如果你连社区的大门都进不了，就不用谈什么社区营销了。针对这种情况，我们要分析原因，从而找到解决的方法。

首先，我们进社区的第一个门槛肯定是保安。作为保安，他们的工作是把好社区大门，拒绝陌生人进入，除了业主、业主的亲朋好友以及物业工作人员，一般会对你亮红灯。如果你想强制或者编不靠谱的理由妄想他们给你亮绿灯，那么你就错了，他们的原则是不放任何一个可疑人员进去给他们的工作带来麻烦。这样，我们就要找方法，进行公关。下面，我们通过举例说明。

上期××银行外拓营销人员培训班，有一个学员在进行社区营销的过程中做得就很好。他告诉笔者："我在进入××小区进行银行社区营销时，一开始保安也是不让进。我说了很多好话，口干舌燥的，又是递名片，又是递烟，又是买水的，开始还是没有让我进去。"笔者就问他最后怎么进去的。他说："没有办法了，我就给他们其中的一个保安送了一个印有我们银行标志的茶杯，条件是他告诉我他们物业的主要负责人的姓名以及联系方式。我给他们物业的负责人打了电话，得到负责人的允许最后才进去的。"

另外一个学员也成功地进入社区。他的方法与上面的学员不同，他是通过业主进去的。当时他是这么跟××说的："我到××小区门口时，看到一个保险推销员和保安正在争论为什么不让他进去。当时，那位保险推销员可谓是口若悬河，但是最后还是被拒绝进入。我就想保安肯定是谈不拢了。正好遇到一个朋友的亲戚在门口买东西，我和他曾经见过一面，彼此还有些印象。我就和他说明了我的来意以及遇到的困难，最后他也很爽快，不仅带我进入小区，还把我介绍给物业的负责人，并帮助我进行公关。"

其次，我们进行社区营销最重要的一道门槛是物业公司。物业公司作为小区的管理部门，负责小区的安全、卫生、秩序、商业活动等各项事务的实施。所以，我们进行社区营销肯定会给物业的管理带来麻烦，多多少少会增加他们的工作量。那么，如何才能让物业欣然接受我们的社区营销活动并给予帮助呢？

我们来分析物业阻止的原因：担心我们的外拓营销活动扰乱他们原有的秩序，造成管理上的混乱；担心业主投诉；担心银行理财产品有风险，业主找物业的麻烦；物业分不到利益。

通过以上原因分析，发现物业阻止的最大原因就是怕吃力不讨好。针对物业的顾虑，我们要做出有针对性的方案。有一个学员在课堂上跟我分享了他成功进行社区营销的经验：

笔者问他："你认为你成功的主要原因是什么，采取了哪些措施？"他的回答是这样的："我和物业谈判的主要一点是从利益出发。首先，我答应帮助他们物业所有管理层人员办一张额度不低于×元的信用卡，并给每个人员送上了一份小礼物。其次，我和物业约定好是以金融知识宣传为主题，并告知营销的产品有哪几种，还优先给予他们购买权。约定好所有的理财产品的签单根据数额不等给予他们不同的礼品反馈。最后，活动结束后负责小区内所有传单的卫生清洁工作，以及在小区物业门口粘贴售后服务责任书以及联系方式。"

笔者接着问他最后效果怎么样。他说："物业不仅给我们找了一个最好的活动场地，还配备一位保安人员和一位工作人员帮助我们维持秩序以及宣传工作。"

2. 产出难

很多银行外拓营销人员抱怨，进行社区营销，活动搞得很漂亮，吸引的人也很多，一天下来累得要死，就是签单的客户少、金额小。这就是银行社区营销面临的最主要问题，投入和产出不成比例，投入大、产出小。那么，我们就需要从本场活动的天时、地利、人和方面来分析一下产出难难在哪里？

（1）天时。何为天时？就是选择正确的时间。如果你活动的时间选择在星期一到星期五的工作日，大家都在上班，消费主力缺失。在家的大多是老人、孩子，他们对银行金融服务的需求较少。你想帮老年人开一个电子银行，帮孩子办一张信用卡，这肯定是不现实的。下雨、下雪天肯定也是不可以的，没有人会冒雪淋雨地来支持你。所以，我们做社区营销活动的时间应选择周末的时候，大多数居民都在家，上班族有时间参与。

（2）地利。何为地利？就是选择合适的地点。地点的选择要遵循人气优先的原则，首先要保证人流量。人流量大的地方一般为小区的进出口，休闲活动场所，如公园、凉亭等。

（3）人和。这里说的人和是指要选择合适的产品和活动形式。如果我们营销的产品是手机银行和信用卡，肯定不能选择老年人居多的社区。如果活动的地点是高档社区，一些合适的理财产品就是很好的选择。

最后，产出难的另一个原因是社区营销活动往往只有几天，没有持续性。打一枪换一个地方，没有后续跟进。有效的回访是我们挖掘客户潜在需求，建立客户联系的关键。

银行社区营销方法

在传统营销方式的投入和产出比越来越低的情况下，越来越多的企业开始瞄准社区这块大蛋糕，采取社区营销的方法，为自己新产品的宣传和销售助力。银行作为社会基础服务机构，和社区有着密不可分的关系。银行如何利用社区营销实现外拓？方法不一而论。总的来说，分为以下几种。

1. 中心转介法

社区客户相对于传统客户来说，客户群体之间关系更紧密。所以，社区周边的支行经过一段时间的积累，建立了相对稳定的客户关系，我们可以通过支行的老客户转介进行营销。社区客户之间的关系一般是家庭亲戚关系，邻里关系，亲子活动、健身、退休人员等建立的共同生活特征群体关系，朋友、同事关系等。但是，通过中心转介法进行银行社区营销也要注意群体之间的一些特点，切不可操之过急，适得其反。

首先，我们可以先营销社区群体的中心人物。谁是社区群体的中心人物？他们是一些对社群有影响力和感染力，具有示范效应的人。如社区群体活动的组织者、居委会活动带头人等。

其次，游戏积分法。积分法就是鼓励现有客户通过转介新客户开展银行业务，银行给予转介者一定的积分，这些积分可以兑换礼品。比如，某银行发展社区理财客户，可以通过建立一套积分制度，介绍一个理财客户给予多少积分等，多少积分兑换多少礼品等。

当然，我们在运用中心转介绍方法的过程中，一定要注意顺其自然，切不可勉强，要让现有客户感觉到我们是在做一件双赢的事情，要有一套转介绍话术。例如，“王哥，感谢您对我以及我们银行的认可，通过您对我们××理财产品的认可，我觉得您是一个非常有投资眼光的人。我们相信你的朋友中肯定有和您一样睿智的人，您能介绍几位给我认识吗？相信他们对我们的理财产品也一定会非常感兴趣，并会非常感谢您。”

2. 合作联盟法

在社区营销中，合作联盟法就是银行与物业、社区便利店等周边商户达成合作，促进社区营销。当然，社区营销运用合作联盟法要注意合作对象的关联性，注意运用好的方式。

（1）合作联盟对象要和银行服务有关联性，不能对银行的形象造成不良影响

①合作联盟对象要口碑好，品牌过硬。比如，物业公司在本小区的口

碑非常差，你和一个卖垃圾产品的客户合作等肯定会降低银行的品牌信用度。

②目标客户群体要一致。如和汽车美容店合作，利用我们银行的信用卡洗车只要 1 元钱。因为有车一族是我们的信用卡和 ETC 卡的潜在用户。

③互惠互利，达到双赢。

（2）银行社区营销与物业、周边商户等合作联盟要运用好方式

①会员互通。如我们银行的信用卡客户可以免费办理合作商户的会员卡，××商户的 VIP 客户可以优先办理我们银行的信用卡等。

②活动互相支持。比如，××门店开业或者周年庆典等，我们银行可以发放印有银行标志的礼品，并取得客户资料；我们银行可以和商户合作举办关联活动等。

最后，我们运用合作联盟法时，一定要签订协议，共同维护双方利益。

3. 活动促销法

活动促销法是银行社区营销的重要方法，具有宣传力度大、受众广、参与度高等优点。活动促销法的关键是活动主题选择、现场互动、促销方式等。活动主题，一般以节假日或者特殊意义事件为主题。比如情人节的“送他（她）一张爱情的存单”，儿童节的“儿童金融知识竞赛”“金融健康知识讲座”“警惕非法机制”等。

活动促销的过程中，现场的互动不仅起到调动气氛的作用，还起到加深参与者对产品印象的作用。首先，互动环节是调动现场气氛的有效法宝，提高参与度。其次，现场互动能加深参与者对产品的了解，起到很好的宣传推广作用。最后，互动环节可以更好地拉近与客户之间的距离，从而建立联系。互动以游戏为主，如“理财知识知多少竞猜”、各类亲子游戏等。

活动促销法的目的是促销，我们要把促销产品始终贯穿整个活动过程。我们要做好宣传物料的准备、促销人员的安排、促销话术以及进度的把控等。

4. 摆摊宣传法

相比较活动促销法，摆摊宣传法更能节省费用，是社区营销的主要方法。摆摊宣传法对位置选择、人员素质要求等比较高，属于一对一的营销方法。

首先，我们要明确摆摊设点的目的是什么，达成的目标是多少。比如，本次摆摊我们要宣传哪个产品？是理财还是手机银行？需要建立多少客户档案，成交量是多少？

其次，摆摊的人员分配。谁发传单？谁负责客户登记？谁又负责与客户接洽？谁主持游戏进行？当然，在摆摊人员分配的过程中，一定要有一套针对性的营销话术，每个人负责的项目不同，所运用的话术也要不同。

最后，我们一定要做好后续客户跟踪。摆摊宣传法注重的是宣传，收集意向客户资料。我们可以通过打电话、发微信、寄邮件等方式对意向客户进行持续的跟踪，以达到最终成交的目的。这也是我们进行摆摊宣传的目的所在。

社区居民的金融需求

随着中国近几年城镇化的发展，社区居民的数量不断攀升，与此同时，社区居民的金融需求也发生了极大的变化。就目前来说，社区居民的金融需求主要分为以下三大类。

1. 金融知识推广

现代社会互联网普及，人们的日常生活与金融息息相关，无论是购物消费，还是家庭理财，都离不开银行业务的支持。随着互联网的高速发展，社会监管体制还不够成熟，有关金融消费的诈骗无处不在，短信、微信、银行卡、网购等各类诈骗手段层出不穷，诈骗案件频频出现。因此，社区居民防诈骗意识亟待提高，对金融知识的需求增大。

根据相关市场调查，大多数社区居民对银行知识有一定的了解，少部分居民对证券、保险方面的知识略有了解，但每个人的了解程度都不一样。人们都是根据自己的兴趣爱好选择适当地了解金融知识，总体来说对金融知识的了解程度偏低，更多的是停留在表面上的理解。大多数社区居民都是根据自己的生活状况和日常需求状况，选择性地了解与自己生活密切相关、对自己比较实用的金融知识，从而缺乏看似与自己生活不太相关的金融知识。

根据相关调查报告显示：社区居民中普遍缺乏“个人用卡安全”“个人信用管理”“储蓄和理财”等金融知识；对银行卡、信用卡、电子银行、个人贷款、理财产品等比较关注，提出问题较多；大多数老年人缺乏“人民币防伪与鉴别”的能力。

针对这一现象，我们可以从以下几点来满足社区居民对金融知识的需求。

（1）在社区多做一些金融知识普及教育。我们可以针对他们感兴趣的金融知识进行宣传、教育，促使他们更深入地了解自己感兴趣的金融知识。具体形式包括金融知识座谈会，推荐金融知识方面的书籍、报纸、杂志等。

（2）针对不同需求的客户举办专场宣传教育。具体包括金融风险讲座、理财专题讲座、互联网金融安全讲座等。

2. 存款利率优势介绍

改革开放以来，随着社会经济的蓬勃发展，人们的收入水平不断提高。大多数社区居民除了生活必要开支外，手头还会有盈余的现金。除了少部分的选择证券、股票等投资外，大多数居民会选择银行储蓄这一安全性很高的投资方式。一项社区居民存款利率调查显示，社区居民一般将银行储蓄理解为活期储蓄和定期储蓄两种，对活期储蓄利率基本没有概念，对定期存款利息也只是停留在央行发布的利率，而对各个银行之间存款利率优势基本没有概念。针对这一情况，我们在做银行社区营销的过程中，要突出本行的存款利率的优势。

有一位农商银行的学员小李在做社区营销时，针对客户的疑问回答得就很好。通过前期沟通，小李了解到客户在××银行有一笔5万元1年期的存款即将到期，客户准备还在他原有的银行续存1年。小李想让客户的这笔钱存到自己的银行，客户以为存在哪个银行的利率都是一样的，如果存在小李行里还得从××行取出来，感觉麻烦准备拒绝。当时客户是这么问的："存××行和存你们行利率都一样，为什么我们要把钱取出来存你们行呢?"

他首先和客户介绍了他们行的服务品质相比较××行的服务优势，并引导客户做出选择。"我相信您不管是购物还是存款，一定会选择服务和品质都是更好的单位合作。"

其次，小李通过自己银行的产品优势分析，正好有一个新的产品跟客户的这个情况吻合。"我行今年新推出的一款定期存款产品叫利万家，只需存款金额在5万元以上（含5万元），存期1年就可以享受存款利率上浮40%。"

最后，客户果断到××行取出存款跟着小李到他的银行办理了1年期存款。

3. **个人信贷**

近年来，人们消费水平不断提高，消费观念也发生了改变，提前消费逐渐成为主流消费形式。现代家庭，孩子长大了，到了结婚的年龄，父母就需要考虑添置一处房子。而现在房价相对来说超出居民的支付范围，那么就需要到银行贷款。房贷也成为城市社区居民最大的个人贷款需求。除此之外，车贷也是社区居民的另一项主要个人贷款需求。下面，我们来举例分析一下。

老王一家四口人，夫妻双方，一个儿子，一个女儿，生活在一套80平方米的房子里。儿子22岁，大学毕业后在离家较远的一所学校当教师，女朋友是他的同事，最近正在谈婚论嫁。女儿还小，在家旁边的一所中学读初三。近年来家庭的收入一直供两个孩子上学，存款不是太多。儿子的女朋友要求购买一套新房作为他们的婚房，而老王又无法支付全款。

我们可以分析出，这个家庭目前最大的需求是买房。他们又无法支付全款，最好的选择是从银行办理房贷。

小李家离单位较远，上班坐公交车，由于公交不准点经常赶不上就打车去，每月不仅要支出一大笔打车费，有时还会迟到。单位大多数人都购买了汽车，自己萌生了买辆汽车的想法。由于刚工作不久，手头没有足够的钱支付车款。最后，与老婆商议后决定先付个首付贷款买一辆。

这些情况不是单单发生在老王家或小李家，而是普遍存在。也就是说个人贷款现在已经成了大多数社区居民的金融需求。

除了以上社区居民普遍存在的共性金融需求之外，每个居民还会存在各种各样的个性化需求。共性需求可以通过摆摊、宣讲、分发宣传单等方式进行宣传推广，而对于个性化需求，就需要银行社区营销人员耐心接待每一个前来咨询的客户，针对其个性需求提供相应的解决方案。

社区活动的实施技巧

社区营销活动在场地选择、产品选择、存量客户关系运用、活动宣传、礼品选择与发放、拦截、宣传单制作和发放、客户维护、游戏互动、抽奖互动、路演氛围营销、资源整合、总行协助 13 个方面的实施过程中，有不同的技巧和方法。

1. 场地选择技巧

（1）营销产品：首先确定本次营销的主要产品，活动主题。

（2）营销对象：根据社区综合环境，预估社区居民的客户资源质量，尽量选择合适的营销对象。

（3）周边环境：了解营销场地附近的交通、噪声、光线如何，了解小区的房价，选择环境较好、人流量大的小区。

（4）气候条件：关注天气预报，尽量避免雨雪大风天气营销。

（5）费用预算：根据预算选择场地，场地的租赁费用不能太高。

2. 产品选择技巧

在进行社区营销的过程中，针对不同的社区，我们需要根据小区自身情况的不同推出更加适合该小区的产品，只有选对了产品，才能在营销的过程中做到事半功倍。

（1）高档小区。高档小区居民普遍工作稳定，收入较高，这类人群一般对投资类的存款产品比较感兴趣，对这类人群，应当选择投资类的产品，普通的定期存款产品很难吸引他们。在贷款方面，此类人群对资金的需求一般都是临时周转，同时该类人群时间一般比较紧张，因此对此类人群应该重点营销方便、快捷、高效的易贷卡，发挥易贷卡一次授信、随用随贷、循环使用的特点。

（2）回迁小区。回迁小区人员组成比较复杂，人员普遍是拆迁户，同时小区周边设施不是很完善。对该类人群我们可以重点营销银行卡以及手机银行业务。重点宣传手机银行免费、方便的特点，不仅转账免费而且还可以代缴水电费以及交通罚款。同时对小区周边的商户营销社区 e 银行，最大限度地挖掘手机银行的潜力。

3. 存量客户关系运用技巧

（1）根据社区营销主题，选择我行熟悉度和认可度较高的存量客户现场助阵，比如营销贷款产品时，可以预先联系部分贷款客户到现场进行宣传。

（2）对于社区本地的存量客户，可以从中获取关键信息，对营销活动的策划提供帮助。

（3）选择社区内部存量商户类客户参与我行营销，形成互动。

（4）对于在社区内有名望的客户，如在社区、物业内供职的人员，可要求客户陪同走访营销，牵线搭桥。

（5）在社区里举办老带新赠礼活动，充分发动存量客户的营销主动性。

（6）可以举办老客户感恩回馈活动，比如，持有我行银行卡且本月存在动账的客户即可领取礼品，可借机营销其他产品。

（7）举办社区营销和宣传时可通过提前走访或短信等方式要求存量客户在规定时间段和地点到活动现场领取感恩礼品，既营造现场气氛又能起到口碑宣传。

（8）在生日或传统节日可给予存量客户短信祝福或走访优质客户，培养存量客户依存度和感情基础，在需要时为我所用。

（9）积极挖掘存量客户其他需求，适当营销我行其他产品。

（10）在前期社区调查过程中，将该社区存量客户调查分类作为必要项目。

4. 活动宣传技巧

（1）做好社区的踩点与落实，了解社区的基本信息。

（2）针对不同档次的小区建立不同的营销策略与方案。

（3）社区拜访时要穿着整齐，服装统一，态度真诚，多赞美，多微笑，带齐证件、宣传资料和申请表，最好请社区的领导陪同前往。

（4）最好是两人一队，一男一女。一次达成协议的可能性不大，需多次不放弃地前往，多沟通、多交谈。

（5）活动现场的布置必须有吸引力，尽可能地使用气球、彩带、音响来活跃现场气氛。

（6）活动的内容最好有创新，不要一味地唱歌跳舞，或者模仿电视上的一些节目，会造成观众疲倦。

（7）安排好现场秩序，人员要提前安排好，现场要控制好时间和办理流程，确保有序不乱。

5. 礼品选择及发放技巧

（1）礼品的选择技巧

①结合社区人员构成比例选择不同的产品。

②根据社区不同的年龄段选择不同的产品。

③根据社区的消费水平选择不同的产品。

④礼品的种类不能太多。

（2）礼品的发放技巧

①发放时讲究趣味性。

②发放时的门槛不能太高。

③男性顾客由女性发放礼品，女性顾客由男性发放礼品。

④选择人流量大的地方发放。

⑤有小孩时向小孩发放，有女性时向女性发放。

6. 拦截技巧

（1）笑脸相迎，保持谦逊的态度，并且要注意称谓的使用。

（2）一句话营销话术，自我介绍，比如，“您好，我们是××商行的，我们现在正在开展免费派送礼品活动。”

（3）主动配备礼品相送，面对不同客户群体，派发不同礼品。比如，老年人可以送比较实惠的产品，如洗洁精、毛巾等；小朋友喜欢气球、小娃娃，可以提前买好；青年人有一种冒险心理，我们可以采购一些刮刮乐来吸引他们。

（4）多走动，多和不同群体沟通，多了解不同客户的实际需求。

（5）利用游戏吸引小朋友，从而吸引家长们驻足，也就等于成功地拦截了客户。

（6）通过在展示台摆放大量礼品，吸引客户眼球，还可以适时地利用麦克风、音响等宣传，引起客户主动围观。

（7）以调查客户对我行的满意度为前提，与客户交流，如遇到不满意的，谦虚认同，并希望对方给予中肯建议。

（8）拦截位置的选址也很重要，要尽量选择小区流量大的出入口，或者人口比较聚集的地方。

7. 宣传单制作和发放技巧

（1）宣传单制作技巧

①吸引力（包括纸质、形状、大小、字体、突出关键字）。

②分类（针对不同人群制作不同标语）。

③层次感和逻辑性（贷款、电子银行类分开）。

（2）宣传单发放技巧

①选择人流量大的地方发放。根据知识层次分类发放。

②利用微信公众号结合小礼品发放。

③发放人员培训。

④学习知识和话术。

⑤时间与时机的选择。

（3）注意事项

①现场指导。

②微笑原则。

③吸引注意力首句问话。

④说话适可而止，察言观色。

8. 客户维护技巧

（1）客户较多时，将客户分组，分类标准主要有两种：一种是分为VIP客户和普通客户，针对VIP客户提供更为优质的服务，对于普通客户提供办理银行卡、手机银行和易贷卡业务；另一种是分为商户和个人用户，针对商户提供社区e银行业务介绍，针对个人用户则根据他们的工作背景、经济条件、职业分工分别提供不同的业务推荐。然后建立客户档案。最后可以采取电话、短信、电子邮箱等渠道进行客户回访。

（2）客户较少时，与客户进行沟通，遵循“两分钟谈主题，八分钟聊家常或时事”的时间分配和谈判技巧，因为这样做可能会让双方很愉快，对这些客户进行重点介绍，以细致、体贴、耐心的服务来打动客户，拉近与客户的关系，由老客户转介绍新客户，建立一种以一人带动亲朋好友、同事等有关人员的形式。同时千万别忘了送给客户一些合适的小礼品，或者给客户提供一定的返利优惠。这样才能提升与客户的关系，提高客户的忠诚度。

（3）从现有的客户身上发掘新的客户，增加客户的数量，让老客户带动新客户。

9. 游戏互动技巧

（1）确保游戏没有危害性，例如飞镖一类禁止出现。

（2）增强游戏互动性，可以是营销人员与客户之间直接进行互动，如猜谜、有奖竞猜，也可以是营销人员营造互动氛围，让客户群体之间形成良好互动，如设计一些亲子游戏，让客户带着孩子完成项目，甚至客户之间形成竞赛。

（3）所设计的游戏要有较强针对性，比如，某个时间段年龄较大的客户较多，那么设置的游戏必须简单易懂，奖项设置要实用。

（4）游戏的奖项设置既可以是物质的也可以是精神的，例如，我们可以搭建一个平台，设置一些智力问答，同时设置答题排行榜，让客户榜上有名，激发客户的热情。

10. 抽奖互动技巧

（1）针对营销人群特征，设定对其有吸引力的奖品。如为老人准备洗洁精、洗衣粉等日用品，为小孩准备玩偶，为年轻女性准备袋装面膜，为中年人准备按摩锤子等。

（2）奖品的设置要层层递进，参与的活动越多，抽奖的礼品越丰富、越精致。

（3）以奖品为媒介宣传我行产品和服务（例如，在杯子外壁印上我行贷款产品和电子银行产品介绍）。

（4）为提高客户参与积极性，中奖概率为 100%，不同奖品之间优劣差距明显，以制造悬念。

（5）抽奖形式要直观、生动、吸引眼球，如彩色转盘、扎气球等形式都是较好的选择。

（6）抽奖规则要简单易懂，便于客户理解。

11. 路演氛围营造技巧

（1）选择与节日相吻合的活动内容。

（2）活动现场播放音乐或与活动主题相关的录音。

（3）参与活动员工统一着装，身披彩带或卡通人物。

（4）海报制作视觉设计要吸引人。

（5）现场布置要喜庆、热闹、活泼，与节日相符。

（6）抓住人群中老人、妇女、儿童感兴趣的话题、活动进行调动。

（7）在活动过程中使用“托术”，在每个环节配合。

（8）主持人及时与客户进行互动交流，如大家一起跳跳舞，现场提问发放礼品。

12. 资源整合技巧

（1）行内资源

①充分沟通，争取领导对营销的支持，包括财务支持、活动支持、人员支持、政策支持等。

②合理分工，充分利用人力资源。把有特长的员工放在合适的位置上。把有资源、有人脉的员工充分调动起来，利用一切可以联合的力量。

③充分利用终端设备，减少客户等待和奔波的时间，提升客户体验。

④与网点密切配合，做好客户跟进。

⑤利用系统内短信，做好营销预热工作。

⑥利用社区 e 银行、官方网站等宣传渠道资源。

（2）社区资源

①充分利用社区管理人员资源，保证场地、电源、展示牌、电梯广

告、人员支持等必要基本条件。

②与有同样需求的商户谋求合作、联展，吸引共同的客户。

③利用社区人气集聚场所，如广场、活动器材场地、市场等人流量密集区域。

（3）客户资源

①提前与存量客户沟通，要求介绍新客户。

②充分利用关键客户，发挥意见领袖在宣传中的作用。

③利用客户的职业、着装、小孩、宠物、兴趣等，寻找营销突破口。

④与社区 e 银行商家共同举办宣传。

13. 总行协助技巧

（1）每组应至少配有两名有外拓经验的成员，从而制订一个执行性较强的方案，避免出现一个团队没有活动方向或有多个活动方向。

（2）在进行人员量需求较大的活动前应提前告知各支行，让支行有足够的时间安排员工调整作息。

（3）活动中设备要准备充足，比如移动终端，出现两组共用一个移动终端的情况，很影响活动的顺利开展。

（4）活动分组太多，不能形成较大规模，如声势浩大可联系媒体帮助报道宣传。

| 第十章 |
深耕机关：进机关营销实战策略

本章主要针对外拓营销中“进机关”进行实战指导。包括关系营销，底层渗透法与高层切入法，借力营销和机关客户的业务推荐技巧。

关系营销

中国的传统文化决定了中国社会中关系的重要性。所谓关系，从人际交往的角度说，是指人与人之间，借由思想、感情和行为表现的相互交流而产生的互动关系。在营销中，关系侧重于强调营销人员和客户之间以信任、利益和情感组建的一种纽带。所谓“关系营销”，就是指以建立、维护、促进、改善和调整关系为核心进行的营销策略。对于银行来说，要想突破机关单位、学校这样层级分明、管理制度完善且严格的组织，最好的方式就是采用关系营销。

近年来，随着国家反腐力度的不断加强，托关系、走后门的传统关系营销方式显然已经失去价值。但是，依然有许多外拓营销人员对于关系营销的理解停留在请客吃饭的层面。事实上，以信任、利益和情感搭建起来的关系，并不一定要靠吃饭、喝酒才能建立。尤其是在移动互联网时代，这种关系的建立和维护就变得更加简单。银行进机关的关系营销，要做到地网、人网、天网的深度结合，才能在当下时代真正实现关系营销。

1. 地网：建立关系

所谓地网，就是指银行分布在各个区域大大小小的网点。无论是城市还是乡镇，无论是工业园区还是社区门口，每个网点辖区内几乎都有一些机关单位和学校客户资源。要和这些机关单位、学校客户建立关系，最简单、直接的方法就是利用网点资源。

首先，针对辖区内机关单位和学校，对银行网点内现有存量客户数据进行整理、分析，找到关系营销中的中间人或者关键人。当然，如果直接找到决策人，那就真的要恭喜你的好运了。

曾经有学员向笔者抱怨，这种大海捞针的方法很难找到想找的人。事实上，银行网点的分布密度已经非常高。对于辖区内机关单位的公务人员，或者学校的老师等，在需要到银行办理业务时，几乎不存在舍近求远到其他网点办理业务的情况。而对于当前人们在工作和生活中和银行打交道的频率来说，也几乎不存在银行网点辖区内的某一机关单位的所有公务人员或者某学校的所有老师都不曾在该银行网点办理过业务的情况。所以，如果真正用心去找，一定能够从银行网点存量客户中找到建立关系的那三个人中的某一个。

其次，锁定你找到的那个人。对于你找到的人，最好是决策人，其次是关键人，最次是中间人。但是，无论是哪一个，都要锁定。一方面要告知所有的一线柜员，一旦这个人到网点来办理业务，要及时通知你；另一方面要随时准备和对方面对面，并快速建立好感。

最后，建立信任关系。锁定对方之后，你就要通过跨部门、跨岗位的联动营销，在银行网点和对方之间、客户经理个人和对方之间建立初步信任和利益关系。银行网点信任主要是指银行的资质、规模、品牌、技术、产品和服务。事实上，对于国内各大商业银行来说，这种信任已经在客户中间广泛建立。所以，建立信任关系的重点是客户经理要争取赢得对方的信任。个人信任一般都是建立在对其做人、做事观察和了解的基础上的。一个稳重、诚信、专业、有威信的客户经理，必然更容易赢得客户的信任。

2. 人网：满足利益，建立情感

通过地网的努力，银行客户经理基本上已经在对机关、学校客户的关系营销上成功迈出了第一步。接下来，就要通过客户经理的个人努力，来促进关系进一步发展。

要想和客户建立更深层次的关系，就必须要满足客户利益。所以，客户经理要对客户的需求进行深入探寻和了解，既不能局限于个人需求，也不能只关注组织需求。从外在看，作为组织的一员，客户更多关注的是组织需求，包括组织目标、投资回报、团队利益等。事实上，真正起决定作用的，恰恰是客户潜在的个人需求，包括前途、事业、名誉、收入、家庭、爱好和关系平衡等。客户经理只有在组织需求和个人需求中找到一个绝佳的平衡点，才能真正满足客户利益。

人和人之间一旦建立了稳定的和谐的利益关系，必然要发生更加频繁的互动，进而产生情感。在情感维系上，感动是最容易实现成交，同时也是最有利于关系稳定的关键。下面，提供一些感动客户的小技巧：

（1）谈客户感兴趣的话题。

（2）抓客户的爱好，投其所好。

（3）关心客户的工作。

（4）关心客户的家庭。

（5）记住客户的生日。

（6）适量适时发问候祝福短信。

（7）帮助客户出点子。

（8）常探望客户。

（9）帮助客户做些与工作无关的事。

（10）关心客户的子女。

（11）帮助客户的子女。

（12）记住客户家庭人员的生日和相关重要日子。

（13）最热最冷、下雨下雪的时候去拜访客户。

（14）搞定客户的家人。

（15）见客户常带礼物，每次都不一样。

（16）在原则内，尽最大努力满足客户需求。

（17）及时做好客户的增值服务。

以上这些技巧不需要全部都用，只需在客户情感发生重大改变的关键时刻使用，如客户成功之前、落难之后等，用上一两种，就足以让你在客户心中留下难以磨灭的感动情愫。

3. 天网：微信营销服务

天网实际上是指电子银行服务，但是这里我们重点介绍对关系营销更重要的微信营销。随着微信功能的不断优化，做好微信营销，必然有助于银行对客户关系的维护和促进。

首先，银行可以通过建立微信公众平台树形象、推品牌、宣文化。微信公众平台已经实现了实时交流和消息定时发送。银行可以将企业文化宣传、新产品和服务宣传、金融知识普及、营销活动推介等搬到微信公众平台，做客户掌中的金融资讯专家，不仅能够为客户带来更新鲜的用户体验，同时也增强了客户对银行的黏性。

其次，在外拓营销中，通过微信营销等模式，形成新的用户服务体验，在锁定精准目标客户的同时，也为老客户转介绍新客户提供了方便。尤其可以在银行客户经理个人微信“朋友圈”进行客户互动。比如，教师节在自己的“朋友圈”为学校客户送上一份来自空中的祝福。

需要银行外拓营销人员注意的是：要想确保关系长久稳定，银行外拓营销人员就不能只利用地网、人网或天网其中一个或两个的功能，必须要三者密切结合使用。

底层渗透法与高层切入法

针对机关单位、学校等集团客户的特点，前文提到的进行地网、人网和天网的结合是建立关系的技巧。而真正能够推动集团客户成交的技巧是：底层渗透法和高层切入法。

1. 底层渗透法

底层人员一般处在决策的外围，他们没有直接决策权，但可以在一定程度上影响决策者的行为。

首先，我们来分析一下底层人员在整个营销过程中的三大作用。

作用一：通风报信。机关里面底层人员的工作性质比较特殊，对领导行为的研究是底层人员的工作之一。所以，一旦决策层有个风吹草动，底层人员就会得知消息。我们在做深耕机关的外拓营销时，可以利用底层人员这一特点，间接了解决策层的想法。

作用二：暗中支持。机关单位人员关系错综复杂，往往某一底层人员就和决策层关系亲近。这类人员可以通过侧面帮助我们吹吹耳边风、做做宣传，间接帮助我们达成目标。

作用三：出谋划策。底层人员常年接受决策层的工作安排，长时间的工作关系让他们更了解决策层的工作作风以及生活习惯、性格特点等。这样，我们可以要求他们帮助我们找到决策层的突破口，出谋划策。

其次，在使用底层渗透法时，我们一定要找准哪些是我们需要的人。验证这些人是不是我们要找的人有四大标准。

标准一：他是否信任我们？如果连他都不信任我们，那么他就不可能帮助我们，起到渗透作用。

标准二：他是否值得信任？如果他是小人类型的，你请他帮忙说些好话，他却在决策者面前使绊子，给你的后续工作带来更大的困难，结果肯定适得其反。

标准三：他是否有愿意帮助我们成功的动力？动力是成功的力量源泉。我们要找那些跟我们的服务有利益关系的人，只有产生利益才能产生动力。如果他只是碍于面子答应了帮助我们，阳奉阴违，背后不出力，他就等于对我们一点作用都没有。

标准四：他是否在决策中有影响力？机关里大多数人都不能影响到决策者的决定，他们一直做的是执行的工作，建议从未被领导采纳过，我们要找的肯定不是这一类人。

最后，我们在发展底层人员时一定要注意两项原则。

原则一：最好找两个人。每个人对事情的理解能力不同，得到消息的来源不同，对消息的分析能力也不同。要想得到准确的消息，肯定要通过两方交叉验证。两个人有两个人的关系网，多一个人多一份力量。我们要保证即使一个渠道出现了问题，还有后备的力量可以利用。

原则二：注意保护。我们找到的底层渗透人员不仅是消息的来源，还可以在一定程度上影响到决策层的决策，所以一定要注意对他们的保护。

2. 高层切入法

机关单位、学校等集团客户主要采用的是条线和层级管理方式。这样的管理方式具有很强的等级差别，所谓“官大一级压死人”。所以，虽然底层渗透法对于银行外拓营销人员来说更容易操作，但真正有效的还是抓龙头、抓关键的高层切入法。只要搞定高层决策人，就不愁成交。

之所以许多外拓营销人员宁愿耗费大量的时间、精力从底层进行渗透，也不打算从高层切入，其中关键点就是他们往往很难找到高层决策人。

一般来说，集团客户的高层决策人具有四个特点。

特点一：难以接近。每个高层管理人员都有“忙”的特点。在这种情况下，任何营销人员想要接近他们，都会被各个层级以各种理由进行阻拦。即使你是银行工作人员，也不例外。

特点二：难以信任。由于集团客户的高层管理人员极少和银行产生直接的业务关系，而他们对银行信息的了解又被各个层级所隔离，所以难以建立信任。

特点三：关注全局。作为集团的高层，他们没有时间关注过多的细节，只关注一件事的目标、结果和重点。所以，如果不是非常重要的业务，银行外拓营销人员往往走不到高层决策人面前。

特点四：需求层次高。对于高层决策人来说，站得高所以看得远。无论是组织需求还是个人需求，他们的需求层次往往都比较高。所以，在个人需求层次上，他们更多地关注自我实现，也因此使他们大多会以组织需求为重。

尽管如此，高层决策人依然是银行外拓营销人员搞定目标机关单位或学校客户的最佳人选。所以，哪怕只有一丝希望，也绝对不可以放弃。那么，银行外拓营销人员如何才能接近高层决策人呢？

方法一：中间人引荐。这是最常用，也是效果比较直接的一种方法。如果外拓营销人员能够找到和高层决策人较熟，且能够对其产生一定影响的中间人，不妨请他为你引荐。

方法二：高层互动。这是最保险、稳妥的方法。高层和高层站在同一个层次上，往往更容易沟通。所以，银行外拓营销人员如果可以得到银行高层人员的帮助，必然会事半功倍。

方法三：制造机会。如果外拓营销人员有创意和胆量，也可以制造一些足够吸引人的事件，从而为自己接近高层决策人创造机会。需要提醒的是，如果没有绝对的把握，最好放弃这个方法。作为银行工作人员，还是要注意形象。

方法四：利用底层渗透人员接近。如果你已经利用底层渗透法培养了合适的底层渗透人员，不妨利用底层渗透人员接近高层决策人，实现质的飞跃。

无论采用以上哪一种方法，你的目的只有一个：接近高层决策人。一旦达成目的，就不要有任何犹豫，立即展开销售，争取影响高层决策成交。外拓营销人员必须谨记：高层决策人没有那么多时间和耐心听你过多的寒暄，请直接告诉他，你历经千辛万苦接近他，到底是为了什么！

在影响高层决策人决策成交上，要注意：

一是强调组织利益，但用个人利益进行引诱。人都有追求快乐、逃避痛苦的本性。所以，尽可能告诉高层决策人，你的方案能够为他提供快乐，解除痛苦。

二是语言通俗，少用专业术语。作为外行，高层决策人很有可能听不懂银行业的专业术语，他也没有义务临时补课。所以，要想尽快促使他做决定，就要说他听得懂的话，用最通俗的语言介绍产品和服务。如果可以，一个专业术语都不要用。

三是利用中间人影响。如果有合适的中间人，最好利用中间人影响高层决策人做最后的决策。如果银行外拓营销人员采取强硬的直接影响方式，难免会弄巧成拙。

无论是采用底层渗透法还是高层介入法，请记住：你的目的只有“成交”。所以，要确保你所做的每件事、所说的每句话都是为这个目的而存在。

借力营销

荀子曰：“登高而招，臂非加长也，而见者远；顺风而呼，声非加疾也，而闻者彰。假舆马者，非利足也，而致千里；假舟楫者，非能水也，而绝江河。君子生非异也，善假于物也。”这段话的意思是：站在高处招手，离很远的人都能看到，并不是因为手臂加长了；顺着风的方向呼唤，听到的人感觉更清晰，并不是因为声音加速了。坐在马车上的人，能走千里之远，并不是因为他善于走路；坐在船上划桨的人，能渡过江河，不是因为他善于游泳。君子的本性并不是跟常人不同，只是他善于借助外物罢了。

这段话运用到营销上就是说，我们可以利用第三方的优势资源，借助他们的品牌、渠道、人脉等优势帮助我们达成营销目标，也就是借力营销。借力营销就是借助第三方的优势资源，所以，我们在运用借力营销时要从各个方面确定谁是我们需要借助的第三方，它有哪些优势资源可以被我们利用。

下面，我们来分析一下，在进机关营销的过程中，借助外力营销的一些策略。

1. 明确自己想要借什么

明确我们想要借什么，这是借力营销的第一步，如果连借什么都不知道，那么借力营销将无从谈起。是想借助他们的人脉，还是想借助他们的品牌，抑或是借助他们的渠道？

2. 明确谁是第三方

找到一个拥有资源、愿意与你共享资源的人，是借力营销的力的来源。利用好第三方，我们在深耕机关的外拓营销中不仅可以提高工作效率，克服很多我们自己无法克服的困难，还有可能给我们带来意想不到的惊喜，甚至超过预期。当然，我们在找第三方的时候，要考虑他有没有你想借的，愿不愿意借给你，借给你他能得到哪些利益，需要承担哪些风险。

3. 懂得付出

你想借助别人的力量，首先你得明确你的付出。这里说的付出，也就是别人愿意借给你资源的同时，他能得到什么。

4. 与第三方的关联

我们需要结合自己与第三方的需求，分析机关客户，从机关客户的需求出发，找到我们与第三方的关联点。我们要分析机关客户和借力的第三方有哪些合作，哪些合作项目与我们的产品或服务有关联，第三方的哪些服务与我们的服务有互补。比如，我们想要做某行政机关的公务人员房贷业务，那么，我们就需要了解这一机关跟哪些房地产公司签订了购房优惠协议，这个机关的大多数人员选择在那个房地产公司购房。

5. 放大利益会合点

双方的合作肯定有利益的不同点，那么，我们就要考虑哪些是合作的会合点，如何放大这一会合点。只有我们放大利益会合点，双方才能在合作中取得更大的利益，从而达到我们想要达到的目标。

下面，通过一个案例分析一下借力营销的关键策略。

小刘是邮政储蓄银行的外拓营销人员。在外拓营销过程中发现某机关的旁边刚开发了一个新的楼盘。由于这个机关刚搬到新的办公楼，在新城区，周边小区较少，很多机关公务人员仍住在老城区，上下班很不方便。这样，一个新楼盘的开发肯定给机关工作人员带去购房需求。他想签约这个机关的房贷业务，经过一番努力，找到了这个单位的负责人。但是，由于没有跟他有过来往，沟通的过程中遇到了很多阻力，最后没有得到负责人的明确表态。这样，小刘就需要想其他的办法，为这次营销找到突破口。

最后，小刘通过多方渠道了解到，新楼盘的开发商已经和机关签订了购房优惠协议。小刘想，既然开发商与机关签订了协议，那么，开发商肯定在机关有一定的人脉或者渠道，如果他能利用好开发商的这些优势开展业务一定会顺利很多。他先找到了开发商的负责人和这个机关的签约客户经理，初步和开发商达成协议。经过开发商的介绍，小刘最后顺利地和这个机关签订了房贷优惠协议，并且通过批量授信签约了大量的信用卡和手机银行业务。

也有很多学员问笔者，他们在做银行深耕机关的外拓营销过程中学习了很多案例，也借助了第三方的优势资源，但是合作的结果为什么没有达到营销目标。

最后，要强调的是，借力不等于复制，别人成功的借力营销只能当作案例，我们要根据实际情况，针对不同的客户、不同的需求，制订适合自身实际情况的营销计划。同时，借力不等于不努力，你找到了第三方合作，确定好合作项目后却不管不问，把自己放在了一个次要的地位，那么你的借力就可能弄巧成拙，收获甚微，甚至给别人做了嫁衣。努力、进取依然是营销人员最核心的力量，再配合借力意识，机关的大门绝对会为你敞开。

机关客户的业务推荐技巧

机关客户一般是政府职能部门，在对这类客户的营销过程中要抓住机关金融需求的特点，有针对性地进行业务推荐。

首先，机关类客户银行业务涉及的范围比较广，从主管部门到基层部门再到相关的个人，所以，机关客户的金融需求具有分散性。

其次，机关客户往往按照行政区域设立分支机构，并各自形成了相对独立的职能部门，所以，机关客户具有很强的联动性。

1. 合作项目

机关客户作为政府的职能部门，对银行的需求主要为代理类的中间业务需求，包括利用银行为其提供资金的代收代付、上划下拨以及资金理财等业务。

从上面的内容，我们可以分析以下两类合作项目：

（1）代理类业务。国家规定，行政事业型收费和政府性基金的征收过程中，实行“部门开票、银行收款、财政统管”。这一规定要求机关客户的行政事业性收费或者政府性基金收入实行“票款分离”的办法，就是这些费用必须经过银行进行收款，银行成为收款的代理机构。例如，以财政、税务、社保、公积金、行政执法部门等为主的机关客户资金来源稳定、代收代付业务量大，是银行外拓营销发展存款的优质客户。

（2）派生业务。机关客户涉及社会生活的方方面面，具有很强的派生性，抓住了一个机关客户，就带来了更多的客户群。在对公业务上面，可以直接关注政府经济政策导向和重点项目的配套设置，能够直接带来上下游优质客户资源和业务的导入。比如，××工业园区的管委会与邮政储蓄银行合作开展优质企业贷款绿色通道，那么这个工业园区的优质企业基本成了邮政储蓄银行的信贷客户。

2. 公务员消费贷款

公务员消费贷款是指银行以信用、保证等方式向公务员发放的用于购房、装修、购车、购置耐用消费品、子女教育、旅游、婚假等个人消费需求的信用贷款。主要解决公务员日常生活个人消费所需流动资金。

公务员工作相对来说更稳定，工资水平相对较高。对银行来说，公务员的偿还能力比普通职业者要更有保证，是比较优质的客户。同时，公务员贷款手续简单、贷款利率优惠、贷款金额高、贷款期限长等特点，目前得到了公务员的普遍认可。

当然，在银行外拓人员进行机关客户公务员贷款营销时，要对哪些是符合公务员贷款的条件进行调查。公务员贷款的条件一般包括以下几点：

（1）申请人具有本地户口或有效居住身份证明。

（2）申请人有稳定的收入和还款能力。

（3）申请人没有不良信用记录。

（4）申请贷款必须用于合法途径。

（5）银行规定的其他相关条件。

同时，公务员贷款需要提供的材料也要齐全，包括申请人身份证明、申请人工作证明以及收入证明、贷款用途证明、银行规定的其他相关证明材料。

王先生是某机关的公务员，女儿刚刚大学毕业，夫妻两个想把女儿送往国外深造。可是，资金方面有点缺口，最近一直在找身边的亲戚朋友筹款。邮政储蓄银行的小李通过外拓了解到王先生这一情况，主动上门给王先生讲解了公务员贷款的情况。王先生通过小李仅用3天时间，就把30万元的教育贷款办下来了。

"这下我女儿的留学深造梦可以实现了。公务员贷款真是太便捷了，手续简单、利息低，而且还给我发了两年期的贷款证，随用随贷，还可以循环使用。"王先生高兴地说。

最后，小李通过王先生帮助王先生单位的很多有需求的公务员办理了公务员贷款。并且，小李也拿下了王先生工作单位的代理业务。

3. 批量授信

批量授信，是指银行对具有相似特征的客户，在控制风险的前提下，通过统一的风险控制方案，降低风险，从而批量授信发卡。批量授信适用于具有共同控制措施的客户群，可优先控制资金流，能优先控制授信风险。

机关单位的公务员，在收入以及偿还能力方面具有相似的特征，稳定且收入相对较高，相比较其他职业人员来说风险更容易控制。所以，针对机关客户，银行外拓人员在进行营销时，可以根据机关客户的收入水平，确定一定的信用额度，给予办理批量授信发卡。

以上仅针对机关单位、学校等集团客户的共性需求，提供三个类别业务的推荐技巧。如果银行外拓营销人员在外拓中遇到对方提问其他业务，可以参考我们在其他章节介绍的技巧灵活应对。

总之，外拓营销是一场银行工作人员从未经历的战争。要想打赢这场战争，不仅需要每位外拓营销人员掌握扎实的专业知识、出色的销售技巧，还要有机智灵活的应变能力。毫无疑问的是，这场战争的胜利必然是每位外拓营销人员个人能力提升和银行品牌、产品销量同步递增的双赢。